Georg Friedrich Meier

Gedanken von Schertzen

Georg Friedrich Meier

Gedanken von Schertzen

ISBN/EAN: 9783337360221

Hergestellt in Europa, USA, Kanada, Australien, Japan

Cover: Foto ©Thomas Meinert / pixelio.de

Weitere Bücher finden Sie auf **www.hansebooks.com**

M. Georg Friedrich Meiers
Gedancken
von
Schertzen.

Cic. de Orat. L. II.

Ego in his praeceptis hanc vim, & hanc vtilitatem esse arbitror, non vt, ad reperiendum quid dicamus, arte ducamur, sed vt ea quae natura quae studio, quae exercitatione consequimur; aut recta esse confidamus aut praua intelligamus, quum quo refenda sint, didicerimus.

HALLE,

Verlegts Carl Herrmann Hemmerede.

1744.

Vorrede.

ie Verbesserung des Geschmacks ist eine so edle Beschäftigung, daß sich jederzeit, die erhabensten Geister eines Volcks, derselben unterzogen haben. Dadurch unterscheiden sich, unter andern, die Patrioten eines Landes, von dem übrigen Hauffen ihrer Mitbürger, daß sie entweder selbst an der Reinigung des Geschmacks, es sey nun in was für Stücken es wolle, arbeiten; oder doch dieses lobenswürdige Unternehmen gerne sehen, wünschen, und befördern helfen. Ich habe mich daher, auf eine lebendige Art, zu überzeugen gesucht, daß es die Pflicht eines redlich gesinten Deutschen mit sich bringe, sich zur Parthey dieser Patrioten zu schlagen, und so viel sein Vermögen ihm erlaubt, auf alle mögliche Art, den Geschmack seiner Landsleute feiner zu machen. Unser Vaterland kan sich in unsern Tagen glücklich schätzen, daß es seinen Nachbarn, auch in diesem Stücke, die Wage zu halten anfängt, und das rühmliche Beyspiel so vieler schönen Geister, die sich um den deutschen Geschmack so sehr verdient machen, ist so reizend, daß es nothwendig Nachahmungs Begierde verursachen muß.

Ich bin so eitel oder so dreist, zu bekennen, daß ich seit geraumer Zeit einen heftigen Trieb in mir empfunden, diesen erwehnten Vorgängern zu folgen. Ich habe aber denselben bisher nur durch einem blossen Wunsch stillen, oder vielmehr unterhalten und verstärcken können. Und jetzo wage ichs in diesen Blättern, meiner Begierde den Ausbruch zu verstatten. Ich kan nicht läugnen, daß ichs mit einiger Bangigkeit thue. Der Geschmack unserer deutschen Kunstrichter ist schon so zart und edel, daß ich zu sehr mit meiner eigenen Arbeit zufrieden seyn müste, wenn ich diese Bogen, ohne alle Furchtsamkeit, ans Licht treten liesse. Ich unterstütze mich, durch das Vertrauen auf die Gütigkeit meiner **Geehrtesten Leser**, daß sie wenigstens meinen guten Willen nicht mißbilligen werden, wenn auch meine Kräfte zu matt gewesen seyn solten, eine Arbeit zu liefern, die des Beyfalls der Kunstrichter völlig werth wäre.

Ich habe verschiedene Gründe gehabt, warum ich eben von Schertzen meine Gedancken habe drucken lassen. Ich stehe in der Meinung, daß der verdorbene und pöbelhafte Geschmack am häuffigsten noch in den Schertzen herrsche. Man mag nun die Schertze verstehen, die in dem täglichen Umgange vorkommen; oder diejenigen, die unter den Vortrag, es sey derselbe ein mündlicher oder schriftlicher, gemengt werden; oder diejenigen Spasse, die auf der Schaubühne vorgetragen werden. Ich glaube, daß der gantze vernünftige Theil meiner Landesleute überzeugt ist, daß es zu wünschen wäre, daß die Deutschen, auch im spassen, den feinen Geschmack herrschen liessen. Und ich kan mich nicht besinnen, daß eine ausführliche Abhandlung der Schertze in unserer Muttersprache schon vorhanden wäre. Das letzte kan ein Irrthum seyn, und so ists eine Unwissenheits-Sünde, die mir also um so viel eher vergeben werden wird. Dazu kömmt noch, daß eine jede andere Materie, die in das Reich des Geschmacks gehört, und die ich hätte ausführen können, mir jetzo entweder zu schwer oder zu weitläuftig gewesen, und ich halte es für eine vernünftige Maxime eines Schriftstellers, wenn er eine Materie erwehlt, durch die er sich völlig ausdehnen kan.

Ich habe hin und wieder, in diesen Blättern, meine Betrachtungen, eine Critik der Schertze, genennt. Ich weiß nicht, ob alle meine **Leser** diese Benennung werden genehm halten. Sie haben vielleicht einen andern Begriff von der Critik, als ich mir gemacht habe, und ich kan mich zwar in diesem engen Raume einer Vorrede, nicht weitläuftig in die Untersuchung des Begriffs der Critik einlassen, doch fodert die Rechtfertigung meines Gebrauchs dieses Worts, daß ich meine Begriffe von der Critik überhaupt mit wenigen vortrage. Die Critik, im allerweitesten Umfange, ist die Wissenschaft von den Vollkommenheiten und Unvollkommenheiten zu urtheilen. Sie erstreckt sich über alle mögliche Dinge, und alle Vollkommenheiten und Unvollkommenheiten derselben. Diese Critik theilt sich in zwey Hauptäste. Der erste ist die Kunst, den Geschmack zu bilden, und lehrt von den Vollkommenheiten und Unvollkommenheiten, auf eine sinnliche Art, urtheilen. Diese Kunst erstreckt sich über alle sinnliche Vorstellungen, aller Vollkommenheiten und Unvollkommenheiten, aller Dinge. Sie fängt von den Heldengedichten an und geht bis auf die Haarlocken der Stutzer, und Schminckpfläsicherchen auf den Wangen der Schönen herunter. In hunderttausend Dingen, von dieser Art, kan ein edler und pöbelhafter, ein feiner und grober, ein reiner und verdorbener Geschmack herschen, und man darf sich also nicht wundern, daß diese Kunst ihre Grenzen so weit ausdehnt. Der andere Haupttheil der Critik, lehrt die Vollkommenheiten und Unvollkommenheiten aus deutlichen Begriffen beurtheilen, und bekommt so viele besondere Theile, als es Arten der Vollkommenheiten und Unvollkommenheiten gibt. Andere schrencken den Begriff der Critik enger ein, und verstehen darunter, die Wissenschaft historische und vermischte Schriften zu beurtheilen. Im engsten Verstande versteht man darunter die Wissenschaft, die alten Schriftsteller zu beurtheilen, ob sie bis auf unsere Zeiten unverfälscht gekommen, und die eingeschlichenen Fehler zu entdecken und zu verbessern. Diese beyden letzten Begriffe, verhalten sich zu dem meinigen, wie ein Theil zum gantzen. Ich unterscheide von meiner Critik einmal, die Anwendung derselben auf einzelne Fälle, wenn man gewisse Gegenstände, nach den critischen Regeln, würcklich untersucht; und hernach die Wissenschaft der Regeln, von dem Verhalten eines Kunstrichters. Diese letzte würde die Logik der Critik seyn. Die allgemeine Critik könnte man die Metaphysik der Critik nennen. Sie wäre eine Wissenschaft von den Vollkommenheiten und Unvollkommenheiten überhaupt und den allerhöchsten Gattungen derselben zu urtheilen. Ich kan meine Begriffe nicht rechtfertigen, ich habe nichts weiter im Sinne gehabt, als den Grund zu zeigen, warum ich meine Gedancken von Schertzen, in diesen Blättern, zur Critik gerechnet habe.

Ich schmeichele mir nicht, daß meine Abhandlung so gut, noch vielweniger so schön gerathen, daß sie untadelhaft. Solche Abhandlungen sind Unternehmungen, dazu gerade ein grösserer Geist erfodert wird, als der meinige ist. Ich mercke es selbst, daß diese Blätter viele Stellen enthalten, die meinen Wunsch nicht zu erfüllen vermögend sind. Und ich sehe es von selbst ein, daß sie in hundert Stellen verbessert werden könnten. Man könnte mir daher, vielleicht nicht ohne allen Grund, einwenden, daß man vernünftiger handele, wenn man eine Schrift von dieser Art, die nicht überwiegend schön und in ihrer Art vortrefflich ist, lieber ungedruckt liesse, als die Anzahl solcher Schriften zu vermehren, die voller Mängel sind. Ich habe aber irgendswo gelesen, daß es Leute gegeben, die niemals Schriftsteller geworden sind, weil sie gar zu gute Schriftsteller haben werden wollen; und, die Wahrheit zu bekennen, ich bin viel zu starck gewesen als daß ich unter dieser Versuchung hätte erliegen sollen. Wenn meine geneigten Leser das schwache dieser Beantwortung übersehen werden, so habe ich das wichtigste erlangt, was ich mir von ihnen, in dieser Vorrede, ausbitten kan.

§. 1.

ch begreiffe mit leichter Mühe, daß die mehresten meiner **geneigten Leser** in den Gedancken stehen, als wenn ein Schriftsteller, der seine Betrachtungen über das Schertzen ihnen vorträgt, ein schöner Geist, und selbst ein spaßhafter Kopf seyn müsse. Ich bin weder das eine, noch das andere, und unterstehe mich dem ohnerachtet von Schertzen zu schreiben. Ich bin der Meinung, daß ein witziger Kopf von dem witzigen, sinreichen, scharfsinnigen, schertzhaften, und wie es sonst heissen mag, nicht deswegen urtheilen könne, weil er vielen Witz besitzt; sondern weil er ausserdem ein Weltweiser ist, der seinen Geschmack nach den Regeln der gesunden Critik ausgebessert hat. Diese Eigenschaften können jemanden zukommen, der auf einen feurigen Witz sehr wenige Ansprüche hat. Man kan von der Schönheit eines Gemähldes, von den erhabenen Zügen eines Gedichts, und der Vollkommenheit einer Rede urtheilen, und Regeln geben, ohne selbst ein Mahler, Dichter, und Redner zu seyn. Es kan jemand ein geistreicher und belebter Kopf

seyn, er kan sich in seinen Gedancken mit der kühnsten und angenehmsten Stärcke heben, und sein Feur durch Proben an den Tag legen, die den Beyfall aller Kunstrichter verdienen. Weil er aber zu wenig Wissenschaft von seinen eigenen Kräften, und den Vollkommenheiten derselben besitzt, so ist er nicht im Stande, aus deutlichen Gründen die Regeln herzuleiten, durch deren Beobachtung seine sinnreichen Einfälle so viel Geist und Leben bekommen. Er fühlt und schmeckt die Schönheit seiner Gedancken, er begreift aber selbst nicht, warum sie so reitzend sind. Man thue hinzu, daß derjenige, der selbst ein aufgeweckter Kopf ist, mehrentheils viel zu ohnmächtig ist, als daß er alle Partheilichkeit in seinen Urtheilen über das sinnreiche zu vermeiden im Stande seyn solte. So wenig von einem Frauenzimmer, so sichs einmahl in den Kopf gesetzt hat, schön zu seyn, zu erwarten ist, etwas anders für reizend zu halten, als was sie selber besitzt; so wenig ists von manchen witzigen Köpfen zu hoffen, daß sie die Einfälle für schön halten solten, die der Art ihres Witzes nicht gemäß zu seyn scheinen. Der Witz vieler feurigen Köpfe bekommt einen gewissen Schwung, der über ihre Beurtheilungskraft zum Tyrannen wird. Ihnen eckelt vor alle dem, so ihrem Geschmacke, der nun einmal an gewisse Speisen gewöhnt ist, nicht gemäß ist. Diese Köpfe müsten sich zu viel Gewalt anthun, unpartheiisch von einem Schertze zu urtheilen, bey dem sie nicht absehen können, wie sie selbst denselben hätten vortragen können. Man lasse den **Cicero**, der nach **Quintilians** Zeugniß keine Maß im schertzen halten können, von einem Spasse, der auf einer blossen Anspielung der Worte beruht, urtheilen. Ich will verlohren haben, wenn er ihn nicht bewundern wird. Das befremdet mich im geringsten nicht. **Cicero** selbst bediente sich mehr, als einem so grossen Geiste anständig war, dieser Schertze. Ich habe das Vertrauen zu der Billigkeit meiner **Leser**, daß sie aus dem, was ich bisher gesagt, nicht schliessen werden, als wenn ich glaubte, daß kein witziger Kopf von Schertzen gesunde Urtheile fällen könne. Noch vielweniger, daß ein Mensch ohne allen Witz sich dergleichen unterfangen dürfe. Ich behaupte nur, daß es nicht unumgänglich nothwendig sey, daß derjenige, der von Schertzen vernünftige Gedancken haben will, selbst glücklich im spassen seyn müsse. Ein Mensch der einen gereinigten Geschmack besitzt, aber nicht schertzen kan oder will, besitzt eine Gleichgültigkeit gegen die Schertze, die ihn unpartheiisch macht. Er tadelt und lobt das schertzhafte, ohne daß sich eine schmeichelnde oder empfindliche Eigenliebe unter die Gründe seiner Urtheile mengt.

Ergo fungar vice cotis, acutum
Reddere quæ ferrum valet, exsors ipsa secandi.
Horat. de art. poet.

§. 2.

Es gibt eine Art ernsthafter Leute, welche es überhaupt zur Sünde machen will, wenn man schertzet und lachet. Solten diese Blätter das Schicksal haben, in die Hände dieser Leute zu gerathen, so kan ich mir schon zum voraus einbilden, was sie, bey der Erblickung derselben, vor saure Minen machen werden. Sie werden mirs als ein sittliches Verbrechen anrechnen, daß ich von einer Materie schreibe, die sich mit der Tugend nicht reimen will. Ich gebe diesen Gegenfüssern muntrer und aufgeweckter Köpfe zu, daß viele Schertze unmöglich mit der Tugend bestehen können. Nur werden sie mir auch im Gegentheil zugestehen, daß nicht eine jede Ernsthaftigkeit zum Character der wahren Tugend gehört.

Multum ringitur otiosa virtus.
Sidon.

Es kan manchmal ein tugendhafter zugleich ein schläffriger und niedergeschlagener Kopf seyn, der noch dazu von einem schwartzen Geblüthe durchschwämt wird. Der würde sich augenscheinlich betrügen, wenn er seine natürlich nothwendige Traurigkeit für eine Wirckung der Tugend halten wolte. Aergert er sich nun, wenn andere frölich sind und schertzen, weil er selbst nicht anders als immer misvergnügt zu seyn das Unglück hat, so muß er so viel Menschenliebe in seinen Urtheilen blicken lassen, diejenigen nicht gleich für lasterhaft zu halten, die nicht so ernsthaft seyn können, wie er selbst ist. Ich werde keine sündliche Schertze billigen, ich will mich bemühen zu zeigen, daß ein vollkommener Schertz, der ohne allen Fehler ist, einen sehr grossen Witz und Scharfsinnigkeit, zwey grosse Vollkommenheiten der Seele, zum Grunde habe, und also unmöglich Sünde seyn könne.

§. 3.

Eine wohlgerathene Untersuchung der Schertze kan nicht ohne Nutzen seyn, und man hat keine Ursach sich die Zeit gereuen zu lassen, die man entweder auf die Ausarbeitung, oder aufs Durchlesen derselben verwendet. Ich bin nicht willens alle Nutzen, die eine solche Schrift haben kan, in ihrer völligen Ausdehnung auszuführen. Ich begnüge mich mit zweyen oder dreyen, die ich für die grösten halte. Den ersten haben die witzigen Köpfe davon zu erwarten. Ein feuriger Witz ist eine zu unruhige Kraft der Seele. Sie läßt ihrem Besitzer nicht beständig Zeit genug, seine spaßhaften Einfälle gehörig zu prüfen und zu beurtheilen. Alles was ihm einfällt, hält er für witzig und sinnreich, und wer wolte ihm auch wohl das Recht dazu streitig machen? Seine Zunge ist viel zu dienstfertig, als daß sie schweigen solte. Nein, ein witziger Kopf nimt sich die Freyheit zu schertzen, wenn, wo, mit wem, und womit er will. Er thut das mit so vielen Vertrauen auf sich selbst, daß er sich unmöglich mit den verdrießlichen Gedancken herumschlagen kan, als wenn es ihm an Bewundern seiner Schertze fehlen würde. Ich gebe einem jedweden zu bedencken, ob ein solcher plauderhafter Verschwender seines Witzes wo nicht den Frost seines Gehirns mehr als zu oft verrathen, doch wenigstens in den mehresten Fällen ein unerträglicher Gesellschafter werden müsse. Wie kan man diesem Uebel wohl anders abhelfen, als durch eine gründliche Ueberzeugung, daß zu einem guten Schertze mehr erfodert werde, als man gemeiniglich denckt, und daß der sinnreichste und witzigste Kopf öfters sehr schläffrige Einfälle haben könne. **Cicero** beweißt das zur genüge, so ein schöner Geist er auch gewesen ist, so ist sein Witz doch sehr oft gesuncken und ohnmächtig geworden. Solte meine Abhandlung gerathen, so rathe ich einem jeden witzigen Kopfe dieselbe zu lesen. Er wird dadurch auf eine heilsame Art furchtsam gemacht werden, so oft als er schertzen will. Er wird dadurch seinen Geschmack verbessern, und viele Schertze in ihrer Geburth ersticken, die ihm wo nicht Schande, doch wenig Ehre zuwege bringen würden.

§. 4.

Man kan den armseeligen Vorrath seines Witzes nicht nur verrathen, wenn man selbst auf eine erbärmliche Art schertzet, sondern auch wenn man elende Schertze bewundert. Man gibt dadurch einen pöbelhaften Geschmack zu erkennen, der jederzeit von einem matten Witze begleitet wird. So wenig ein vortreflicher Schertz bey einem kriechenden Witze einen Eindruck verursachen kan, so sehr wird der elendeste Spaß von denselben bewundert. Ein elender Kopf schertzet nicht nur auf eine elende Art, sondern er wird auch bey den schlechtesten Einfällen vor Freuden ausser sich gesetzt. In den Versamlungen des Pöbels, macht der frostigste Einfall seinen Erfinder zum angenehmsten und lustigsten Gesellschafter. Das wissen die kleinen witzigen Köpfe, auf eine listige Art, zu ihrem grossen Troste anzuwenden. Wollen sie grosse Geister nicht bewundern, so thun sie ihnen den Possen, und theilen ihre sinnreichen Einfälle Leuten mit, die sie gütiger, und auf eine ihnen gefälligere Art, aufzunehmen wissen. So furchtsam ich bin selber zu schertzen, so sehr nehme ich mich in acht über einen schlechten Schertz zu lachen, ich müste es denn aus Höflichkeit oder Gefälligkeit thun müssen. Dieses halte ich vor einen ansehnlichen Nutzen, den man, von einer gründlichen Critik der Schertze, erwarten kan. Man lernt dadurch einen feurigen Schertz, von einem frostigen unterscheiden, man lacht über den ersten, und bleibt bey dem letzten unempfindlich, und beweißt sich dadurch als einen Menschen von gereinigten und feinen Geschmacke.

§. 5.

Ein gut gerathener Schertz bringt uns die Gewogenheit und Bewunderung der Zuhörer zuwege. Wir werden für scharfsinnig, aufgeweckt, höflich gehalten, und für geschmeidige Köpfe. Durch einen wohlangebrachten Spaß, kan man seinen Gegner in Verwirrung setzen, ihn zaghaft machen und wiederlegen. Man mäßiget dadurch die gar zu grosse und traurige Ernsthaftigkeit, das Gemüth wird aufgeheitert, und man setzt seine Zuhörer in den Zustand, die verdrießlichsten Dinge, die man ihnen zu sagen hat, gelassen, und nicht ohne Vergnügen anzuhören. Das sind Stücke die einem Redner unentbehrlich sind. Ich könnte noch mehr hinzu thun, wenn das angeführte nicht schon hinreichend wäre, zu beweisen, daß ein Redner zu seinem grossen Vortheile bisweilen schertzen müsse. Mit weniger Veränderung, kan man eben das von einem Dichter sagen. Dieser muß fast noch öfter schertzen als der erste. Wie oft hat ein Dichter nicht nöthig seiner Muse zuzuruffen?

> Sed ne relictis musa procax iocis
> Ceæ retractes munera næniæ:
> Mecum Dionæo sub antro
> Quære modos leviore plectro.
> *Hor. Carm. L. II. od. 1.*

Man kan daher die Untersuchung der Schertze als eine Materie ansehen, die zur Rede und Dichtkunst gehört. **Cicero** und **Quintilian** sind mit mir einig. Sie haben beyde in ihren Schriften, darinn sie die Redekunst abgehandelt haben, auch eine Betrachtung über die Schertze angestellt. Dieser Nutzen allein wäre hinreichend, meine gegenwärtige Bemühung nicht für unnütz zu halten.

§. 6.

Die Untersuchung der Schertze ist eine Materie, die als ein Stück der so genannten Aesthetik anzusehen ist. Die Aesthetik ist eine Wissenschaft der sinnlichen Erkenntniß und dem Vortrage derselben. Sie untersucht die Vollkommenheiten und Unvollkommenheiten ihres Vorwurfs. Sie gibt Regeln jene zu erlangen, und diese zu vermeiden. Keine untere Erkenntniß Kraft der Seele ist von dem Gegenstande der Aesthetik ausgeschlossen. Man besehe die Psychologie des Herrn Professor **Baumgartens**, so wird man daselbst hin und wieder den gantzen Grundriß dieser Wissenschaft antreffen. Ich werde in dem folgenden darthun, daß ein Schertz durch den sinnlichen Witz und Scharfsinnigkeit gewürckt werde. Folglich ist der Schertz eine sinnliche Vorstellung und Rede, und gehört in das Feld der Aesthetik, dieses merckwürdigen Theils, ja ich will sagen, dieses gantzen Inbegriffs der schönen Wissenschaften.

§. 7.

Die sinnliche Beurtheilungskraft, oder der Geschmack, ist das Vermögen von den Vollkommenheiten und Unvollkommenheiten zu urtheilen, doch so, daß man weder die Vollkommenheiten und Unvollkommenheiten selbst deutlich erkennt, noch auch seine Urtheile von ihnen philosophisch aus deutlich erkannten Gründen, auf eine deutliche Art herleitet. Vollkommenheiten, in so fern sie undeutlich und auf eine sinnliche Art erkannt werden, sind Schönheiten und die Unvollkommenheiten werden in eben dieser Absicht Häßlichkeiten genennet. Der Geschmack ist demnach das Vermögen von den Schönheiten und Häßlichkeiten zu urtheilen, und dieselben gewahr zu werden. Ein Schertz ist eine sinnliche Vorstellung und Rede, und seine Vollkommenheiten und Unvollkommenheiten sind Schönheiten und Häßlichkeiten. Man ist also genöthiget die Beurtheilung eines Schertzes, vor den Richterstuhl des Geschmacks zu verweisen. Wenn ein Kunstrichter überhaupt derjenige genennet wird, der von Vollkommenheiten und Unvollkommenheiten urtheilen kan, so muß derjenige der einen Spaß beurtheilen will ein Kunstrichter seyn. Die Untersuchung der Schertze gehört demnach auch in denjenigen Theil der Aesthetik, den man den critischen nennt.

§. 8.

Man hat es bey nahe als eine Regel angenommen, daß man über den Geschmack mit niemanden streiten dürfe. Diese Regel ist gegründet, so lange man nicht weiter gehen will, als auf den Geschmack. Alsdenn beruhiget man sich in einer bloß sinnlichen und undeutlichen Erkenntniß, davon man die Gründe einem andern weder angeben noch erklären kan. O elendes disputiren! wo die streitenden Partheien nicht durch Schlüsse wider einander zu Felde gehen! So lange man also mit dem Geschmacke nicht die höhere Beurtheilungskraft, das Vermögen aus deutlicher Erkenntniß eine Sache zu beurtheilen, verknüpft, so lange ists eine vergebliche Arbeit, über Schönheiten und deren Gegentheil, sich mit jemanden in einen Streit einzulassen.

Trahit sua quemque voluptas.
Virgil.

Weil aber alle Schönheiten und Häßlichkeiten, Vollkommenheiten und Unvollkommenheiten sind, und diese, an sich betrachtet, insgesamt deutlich können vorgestellet werden, so bleibt es zwar ausgemacht, daß man von dem Geschmacke, in so fern er ein Geschmack ist, wenig sagen könne, aber man muß ihn, wenn ich so reden darf, entwickeln. Man muß die Gegenstände des Geschmacks, auch nach der höhern Beurtheilungskraft, untersuchen, und da erkennt man ob der Geschmack gegründet sey oder nicht. Die verworrenen Vorstellungen können nicht anders richtig seyn, als wenn sie uns dasjenige, was in den deutlichen unterschieden wird, mit einemmal, und unter einander geworffen, vorstellen. Folglich kan man den

Geschmack selbst beurtheilen, und gewisse Regeln geben wonach sich derselbe, auf eine ihm selbst unbekante Art, zu richten hat. Wenn das alle Kunstrichter beobachteten, so würden sie nicht Geschmack dem Geschmack entgegen setzen, und dadurch Streitigkeiten verewigen, die vielleicht kürzer ausgemacht werden könnten. Ob nun gleich die Beurtheilung der Schertze ein Werck des Geschmacks ist (§. Z.) so kan man doch Regeln geben, wonach die Schönheiten und Häßlichkeiten eines Schertzes beurtheilet werden können.

§. 9.

Es gibt Regeln wonach die Schertze beurtheilt und eingerichtet werden können. Man würde also ohne Ursach zweiffeln, ob auch Gründe vorhanden wären, woher diese Regeln fliessen. Nein, alles hat seinen Grund, sollten wohl die Regeln des Geschmacks eine Ausnahme von dieser Regel machen, welcher das gantze Reich der Möglichkeiten und Würcklichkeiten, nach seinem gantzen Umfange, unterworffen ist? Ich rechne zu diesen Gründen, die Beschaffenheit der Vollkommenheiten und Unvollkommenheiten überhaupt. Insbesondere die Vollkommenheiten und Unvollkommenheiten unserer Erkenntniß, und des Vortrages derselben. Und endlich die Vollkommenheiten und Unvollkommenheiten der sinnlichen Erkenntnißkräfte der Seele, insonderheit des sinnlichen Witzes und Scharfsinnigkeit. Aus diesen Quellen müssen die Regeln, der Beurtheilung und Einrichtung eines Spasses, erwiesen werden. Ich begnüge mich mit der blossen Benennung und Anführung dieser Gründe. Ich müste meinen **Lesern** zu wenig Einsicht zutrauen, wenn ich sie beweisen wolte, da mein Zweck nicht darinn besteht, den Geschmack überhaupt in diesen Blättern zu bilden und einzurichten.

§. 10.

Wenn es Regeln zu schertzen gibt, wenn diese Regeln aus Gründen können bewiesen werden, so müste man ohne Grund an der Möglichkeit einer Wissenschaft der Schertze zweiffeln. Ich bin überzeugt, daß eine Wissenschaft möglich sey, in welcher gezeiget wird, wie man einen Schertz erfinden, und bis zur Grentze seiner Vollkommenheit erheben kan. **Cicero** und **Quintilian** scheinen mir zu widersprechen. Allein ihre Gründe beweisen nicht, daß diese Wissenschaft unmöglich sey, und daß man nicht auf eine Kunstmäßige Art ein spaßhafter Mensch werden könne. Beyde glauben, daß die Natur und Gelegenheit das meiste zu einem glücklichen Schertze beytragen müssen. Ich glaube es auch. Aber so wenig man sagen kan, daß es keine künstliche Vernunftlehre gebe, weil zur Ausübung derselben ein guter Mutterwitz erfodert wird; eben so wenig wird die Wissenschaft der Schertze, und die Theorie derselben, geläugnet werden können, weil man mit allen Regeln keinen Menschen zu einen schertzhaften Kopfe machen kan, der keine natürliche Geschicklichkeit zu schertzen empfangen hat. Ein anders ist die Regeln zu schertzen verstehen, und dieselben geschickt ausüben können. Ich behaupte nur, daß ein Mensch der ein gutes Naturell zu schertzen besitzt, durch die Kunst, leichter, eher und besser, eine Fertigkeit zu schertzen bekommen könne, wenn sich überdies gute Gelegenheiten dazu an die Hand geben, als ein anderer, der sich mit der blossen Natur behelfen will. Die Natur arbeitet ihre Wercke nur aus den groben heraus, sie überliefert uns ihre Kunststücke roh, und überläßt unserer Geschicklichkeit den Ausputz. Der letzte wird vielmehr frostige Schertze erzeugen, als der erste, er mag sich auch noch so sehr in acht nehmen wollen.

In vitium ducit culpæ fuga, si caret arte.
Horat. de art. poet.

Ich gebe noch mehr zu. Ich behaupte daß derjenige, der schertzen will, wenn er bey einem jeden Schertze sich erst auf die Regeln besinnen, und seinen Schertz mit Fleiß kunstmäßig einrichten will, besser thut wenn er gar stille schweigt. Ein Schertz muß unvermuthet vorgetragen werden, und ein Schertz, auf den man sich vorbereitet, muß unglücklich gerathen, wie ich das in dem folgenden darthun will. Nichts desto weniger hat die Wissenschaft zu schertzen ihren Nutzen. Es verhält sich hier eben so, wie bey der künstlichen Vernunftlehre. Das würde ein erbärmlicher Philosoph seyn, der bey einer jeden Erklärung, bey einem jeden Schlusse, sich der Regeln der Vernunftlehre deutlich erinnern wolte. Man muß eine Fertigkeit in der Vernunftlehre erlangen, man muß seine Vernunft und Verstand gewöhnen, die Regeln der Vernunftlehre zu beobachten, ohne unser Wissen. Eben das sage ich von der Wissenschaft der Schertze. Sie muß unserm Witze und Scharfsinnigkeit den gehörigen Schwung und Einrichtung geben, daß wir nach ihren Regeln schertzen können ohne uns derselben bewust zu seyn.

Simul ac durauerit ætas
Membra animumque tuum, nabis sine cortice.
Horat.

Wer demnach von Natur ein feuriger und aufgeweckter Kopf ist, wer die Gelegenheit gut in acht nehmen, und zu seiner Absicht geschickt anwenden kan, und die Wissenschaft zu schertzen versteht, dem bin ich gut davor, daß er glücklich im schertzen seyn wird.

§. 11.

Ich will nicht mehr versprechen, als ich zu halten mir getraue. Ich will nicht sagen, daß ich willens sey, eine Wissenschaft der Schertze zu schreiben. Sondern meine Absicht ist hauptsächlich, Regeln fest zu setzen, wonach die Schönheit und Häßlichkeit eines Schertzes beurtheilet werden kan. Diese Regeln machen entweder die Wissenschaft der Schertze aus, oder die letzte wird doch mit geringer Mühe, und einigen kleinen Veränderungen und Zusätzen, daraus fliessen. Meiner Einsicht nach glaube ich, daß die Regeln, wonach die Vollkommenheit einer Sache beurtheilt werden muß, einerley sind mit den Regeln, die beobachtet werden müssen, wenn eine Sache zu ihrer Vollkommenheit soll erhoben werden.

§. 12.

Weil ich zu furchtsam bin selbst zu schertzen, so werde ich mich sehr hüten, wenn ich ein Exempel anführen soll, welches doch selten genug geschehen wird, selbst zu spassen. Ich könnte zwar aus dem gemeinem Leben dergleichen erwählen, da man mehr als zu viel antrift, die fast zu einer allgemeinen Gewohnheit geworden. Allein da dieselben gröstentheils zu frostig und abgeschmackt sind, so würde ich meinen **Lesern** Verdruß erwecken, wenn ich sie ausdrücklich anführen wolte. Ich werde mich begnügen, meinen Eckel vor solchen ungeschickten Schertzen von weiten zu bezeugen. Noch eins habe ich zu erinnern. Wenn ich an einem Schertze was loben werde, so werden meine **Leser** die Gütigkeit haben, und nicht glauben, daß ich den gantzen Schertz billigte. Ein Schertz kan viele Vollkommenheiten haben. Die eine kan er besitzen, eine andere kan ihm fehlen. Ja ein Spaß kan mehr gut als böse seyn, und mehr böse als gut, jene können gebilliget werden, weil man doch in dem Reiche der Natur nichts findet das durch und durch gut wäre.

Vbi plura nitent - - non ego paucis
Offendar maculis, quas non incuria fudit,
Aut humana parum cauit natura.
Horat. de art. poet.

§. 13.

Ich könnte mich noch länger bey solchen allgemeinen Betrachtungen, diesen angenehmen Materien, aufhalten, wenn ich überhaupt von dem Geschmacke handeln wolte. Ich habe aber meinen jetzigen Gedancken überaus enge Schrancken gesetzt. Ich will nur von Schertzen handeln, und gewisse Regeln fest setzen, wonach sie beurtheilt werden können. Ich muß, meine Beurtheilungsgründe ungezweifelt zu erweisen, ein paar Erklärungen zum voraus untersuchen. Es sollen das nicht alle diejenigen seyn, die in meine Betrachtung einen nähern Einfluß haben, sondern ich will mich begnügen, den Witz, die Scharfsinnigkeit und den scharfsinnigen Witz, nur in so fern zu untersuchen, als es zur Beurtheilung der Schönheiten eines Schertzes nöthig seyn wird. Ich würde sonst meinen **Lesern** beschwerlich fallen, und mich des Fehlers eines Schriftstellers theilhaftig machen, der zu weit ausholt und von dem man sagen kan

Gemino bellum troianum orditur ab ovo.
   Hor. de art. poet.

§. 14.

Wir haben ein Vermögen die Uebereinstimmung der Dinge gewahr zu werden. Die Fertigkeit in diesem Vermögen nennet man den Witz. Zu den Uebereinstimmungen der Dinge, muß man die Aehnlichkeit, die Gleichheit und die Proportionen rechnen. Der Witz ist demnach die Fertigkeit die Aehnlichkeit, Gleichheit und Proportion der Dinge zu erkennen. Ist diese Erkenntniß deutlich, so kan man den Witz einen höhern, obern oder vernünftigen Witz nennen. Ist sie aber undeutlich, so heißt es der sinnliche und untere Witz. Die Vorstellungen und Reden, die durch den Witz gewürckt werden, sind sinnreiche oder witzige Vorstellungen und Reden.

§. 15.

Wir besitzen ein Vermögen die Verschiedenheit der Dinge zu erkennen. Wer eine Fertigkeit in demselben hat, wird scharfsinnig genennt. Man muß zu der Verschiedenheit nicht nur die Unähnlichkeit rechnen, sondern auch die Ungleichheit, und das Gegentheil der Proportion. Die Scharfsinnigkeit besteht also in der Fertigkeit, die Unähnlichkeit und Ungleichheit, nebst der Verschiedenheit der Grössen-Verhältnisse zu erkennen. Diese Erkenntniß ist entweder deutlich, oder undeutlich. Die erste ist ein Werck der höhern und vernünftigen Scharfsinnigkeit, und die andere gehört für die untere und sinnliche Scharfsinnigkeit. Vorstellungen und Reden die durch die Scharfsinnigkeit gewürckt werden heissen scharfsinnig. Die Fertigkeit die aus dem Witze und der Scharfsinnigkeit zusammengesetzt ist, will ich den scharfsinnigen Witz nennen, welcher demnach entweder ein sinnlicher oder vernünftiger ist. Ich thue nicht ein Wort zu diesen Erklärungen mehr hinzu. Ich hätte sie bey nahe gantz ausgelassen, wenn ich nur gewust, ob die Eintheilung des scharfsinnigen Witzes in den sinnlichen und vernünftigen so sehr bekannt wäre, als ich sie bey meiner Abhandlung werde nöthig haben. Es kan zwar scheinen, als wenn ich ein freyer Schöpffer dieser Erklärungen sey. Allein man wird sich der Mühe überheben können, von meinen künftigen Beweisen viel abzuziehen, wenn man bedenckt, daß meine Erklärungen, der Sache nach und im Grunde, verschieden sind, man mag nun die erklärten Sachen mit einem Namen ausdrucken, mit welchem man es vor gut befindet.

§. 16.

Eine Vorstellung ist um so viel vollkommener, je mehr das Vermögen, wodurch sie gewürckt worden, bey ihrer Hervorbringung, seine Vollkommenheit bewiesen hat. Die Stärcke und Vortreflichkeit der würckenden Ursach, breitet sich bis in die Würckung aus; und wie die Ursach beschaffen ist, in so fern sie würckt, so ist auch die Würckung beschaffen, in so fern sie von ihrer Ursach abhänget. Die Vollkommenheiten der Vorstellungen, haben also ihren Grund in den Vollkommenheiten des Vermögens, die es zu ihrer Hervorbringung angewendet hat. Ich will die Vollkommenheiten der Schertze fest setzen. Diese sind Vorstellungen, die durch den scharfsinnigen Witz gewürckt werden. Es ist demnach nöthig, daß ich die Vollkommenheiten des scharfsinnigen Witzes bestimme. Die Vollkommenheiten eines Vermögens sind von zweyfacher Art. Die ersten entstehen aus dem Vorwurffe des Vermögens, und die letzten befinden sich in der Einrichtung des Vermögens selbst. Ich habe es jetzo bloß mit der letzten Art zu thun. Wenn ich von der Vollkommenheit des scharfsinnigen Witzes rede, so verstehe ich dieselbe, wie man zu reden pflegt, formaliter betrachtet. Und in dieser Absicht besteht sie in der Grösse und Stärcke desselben. Je grösser ein Vermögen ist, desto mehr verschiedenes ist in demselben befindlich, folglich ist die Anzahl der übereinstimmigen Stücke in dem Vermögen um so viel grösser. Die Vollkommenheit wächst aber, durch die Vermehrung der übereinstimmigen Stücke. Wenn ich also die formelle Vollkommenheit des scharfsinnigen Witzes den Stuffen nach bestimmen will, so darf ich nur die Grade des Witzes und der Scharfsinnigkeit ausmachen.

§. 17.

Die Grösse eines Vermögens wird bestimmt 1) durch die Grösse der Würckungen 2) durch die Menge derselben. Je grössere und mehrere Würckungen ein Vermögen hervorbringt, desto grösser ist es. 3) durch die Schwierigkeit der Würckungen. Je leichter die Würckung hervorgebracht werden kan, desto kleiner ist das Vermögen. Je schwerer aber die Würckung ist, je mehr Hindernisse in den Weg gelegt werden, desto mehr Kraft muß angewendet werden, und um so viel grösser muß das Vermögen seyn, welches dem ohnerachtet die Würckung geleistet hat. Diese Sätze entlehne ich aus der Dynamik, in welcher man bemüht ist, die Kräfte überhaupt auszumessen.

§. 18.

Der sinnliche Witz ist um so viel grösser und vollkommener 1) je mehr Dinge mit einander verglichen werden. Wenn Dinge in eine Vergleichung gesetzt werden, so müssen sie vorgestellt werden. Ein Witz, der demnach nur zwey Dinge mit einander vergleicht, stelt sich nicht so viel vor, als derjenige so mehrere in Vergleichung setzt. Die Anzahl der Würckungen des letztern ist also grösser, mithin muß der Witz selber grösser seyn §. 17. n. 2. 2) Je unbekanter die Dinge sind, die mit einander verglichen werden. Dinge die man sich unzählige mahl schon vorgestellet hat, und die uns dadurch überaus bekannt geworden, stellen wir uns mit leichter Mühe vor, weil wir eine Fertigkeit dieselben vorzustellen erlangt haben. Sind sie uns aber noch nicht sehr bekannt, so ist ihre Vorstellung schwerer, und ihre Vergleichung erfodert also einen grössern Witz §. 17. n. 3. 3) Je verschiedener die Dinge sind, deren Uebereinstimmung der Witz erkennet. Denn alsdenn ist die Uebereinstimmung schwerer zu entdecken, weil sie nicht nur sehr versteckt und geringe ist, sondern weil durch die augenscheinliche Verschiedenheit unsere Aufmercksamkeit stärcker auf das verschiedene gezogen wird, dadurch unserm Witze eine Hinderniß bey der Entdeckung der Uebereinstimmung in den Weg gelegt wird. §. 17. n. 3. 4) Je mehr Uebereinstimmungsstücke erkannt werden. In diesem Falle, ist die Menge der Würckungen des Witzes grösser, und folglich muß der Witz selber grösser seyn §. 17. n. 2. 5) Je grössere Uebereinstimmungen entdeckt werden. Alsdenn ist die Grösse der Würckungen des Witzes ansehnlicher, welche eben deswegen seine eigene Grösse vermehrt §. 17. n. 1. 6) Je stärcker die Vorstellungen gewesen,

die vor der Uebung des Witzes vorhergegangen, ja je stärcker die Vorstellungen sind, welche bey seiner Uebung zugleich in der Seele angetroffen werden, wenn diese Vorstellungen von anderer Art, als die Vorstellungen des Witzes, sind. Aus der Lehre von unserer Seele ist bekannt, daß eine sehr starcke Vorstellung uns verhindert, gleich nachher, auf etwas anders zu dencken; und wenn wir den Kopf sonst voller starcken Vorstellungen haben, so ist es ungemein schwer, zu gleicher Zeit auf etwas anders zu dencken. Ein Witz der mitten unter diesen grossen Hindernissen dennoch würcksam seyn kan, muß grosse Hindernisse übersteigen, und demnach groß seyn §. 17. n. 3.
7) Je klärer, richtiger, gewisser und lebendiger, doch aber auf eine undeutliche Art, die Uebereinstimmung vorgestellt wird. Denn der Grad der Deutlichkeit gehört für den vernünftigen Witz, davon ich nicht rede. Eine klare, richtige, gewisse und lebendige Vorstellung ist allezeit grösser, als eine dunckele, unrichtige, ungewisse, matte und todte Vorstellung, wenn man die übrigen Stücke derselben als gleich annimmt. Ein Witz der klärere, richtigere, gewissere und lebendigere Vorstellungen würckt, bringt also grössere Wirckungen hervor, als derjenige, dessen Vorstellungen nach allen diesen Stücken kleiner sind. Jener ist demnach grösser und vollkommener. §. 17. n. 1.

§. 19.

Ich will mich bey den Graden der Vollkommenheit, in der Scharfsinnigkeit nicht aufhalten. Die Scharfsinnigkeit ist von dem Witze nicht unterschieden, als nur dem Gegenstande nach. Man nehme den vorhergehenden Absatz. Wo das Wort Uebereinstimmung steht, da setze man Verschiedenheit, und an statt dieses setze man jenes, so hat man die Regeln wodurch die Grösse der Scharfsinnigkeit bestimmt wird. Da nun der scharfsinnige Witz eine Fertigkeit ist, die aus dem Witze und der Scharfsinnigkeit zusammengesetzt ist, so versteht sich von selbst, daß, je grösser und vollkommener diese beyden Fertigkeiten sind, desto grösser und vollkommener der scharfsinnige Witz seyn müsse.

§. 20.

Quintilian versichert uns, in dem **sechsten Buche seiner Redekunst**, daß die Natur das meiste zu einem guten Schertze beytrage, weil sie einen Menschen, unter andern, scharfsinniger und fertiger in der Erfindung der Spasse mache. Ja, er erklärt einen Schertz ausdrücklich durch: sermonem cum risu aliquos incessentem. **Cicero** stimmt mit dem letzten überein. Er setzt jederzeit voraus, daß ein Schertz geschickt sey, ein lachen zu verursachen, und daß ein Spaß deßwegen vorgetragen werde, damit ein Gelächter möge erweckt werden. Betrachtet man alle die Exempel, die beyde anführen, nebst den Quellen, woraus sie die Schertze hergeleitet haben; so muß man augenblicklich auf die Gedancken gerathen, daß zu einem Schertze, eine Uebereinstimmung verschiedener Dinge, und die Einsicht derselben, erfodert werde. Dieses zum voraus gesetzt, werde ich nicht irren, wenn ich sage: daß ein Schertz eine Rede sey, wodurch wir Vorstellungen, die von den scharfsinnigen Witze gewürckt worden, vortragen, und welche zum nächsten Zwecke hat, andere zum lachen zu reizen. Ich sage ein Schertz sey eine Rede. Ich will deßwegen nicht in Abrede seyn, daß ein schertzhafter Kopf mit sich selbst spassen könne. Ich will sagen, daß ich zugebe, daß ein Mensch Vorstellungen haben kan, denen alle Eigenschaften eines Schertzes zukommen, und denen nichts weiter fehlt, als der Ausdruck und Vortrag. Ich will niemanden einen Streit erregen, wer diesen Vorstellungen schon den Namen der Schertze beylegen will. Ich habe aber doch geglaubt, daß ich berechtiget sey, einen Schertz eine Rede zu nennen. Ich habe nicht nur den häuffigsten Gebrauch zu reden auf meiner Seite; sondern wenn es auch ein Irthum ist, so irre ich zum ummercklichen Nachtheil der Critik über die Schertze. Alles was ich von den Schertzen, nach meiner Erklärung, beweisen werde, wenn man das ausnimmt, was von dem Vortrage derselben wird gesagt werden, gilt auch von einem Schertze, wenn man ihn als eine blosse Vorstellung betrachten will. Ich sage nicht, daß ein Schertz allezeit ein Lachen erwecke. Es kan jemand sehr starck zum Lachen gereitzt werden, und doch durch tausenderley Ursachen genöthiget werden, die Stirne mit Runzeln zu bedecken. Ich leugne nicht, daß man bey einem Schertze ausser dem Lachen noch andere entferntere Zwecke haben könne. Ich sage nur daß der Schertzende zunächst, durch seinen Schertz ein Lachen zu erwecken, gesinnet seyn müsse.

§. 21.

Ich unterscheide einen Schertz von einer sinnreichen Rede und Einfalle überhaupt. Es kan jemand sehr vielen Witz in seinen Reden blicken lassen, er kan die artigsten Einfälle vortragen, darüber sich seine Zuhörer in einem hohen Grade belustigen, und man wird deswegen nicht sagen können, daß er schertze. Man müste denn alle Allegorien, Metaphern, und alle Würckungen des Witzes, Schertze nennen wollen, welches gewiß nur aus Spaß geschehen würde. Desgleichen, wird auch nicht eine jede scharfsinnige Rede ein Schertz seyn. Wer das im Ernst behaupten wolte, der müste alle Subtilitäten für Spaß halten. Gewiß, ein schöner Einfall! auf die Art würde der ernsthafteste Metaphysicus und Mathematicus, in seinem Vortrage nichts thun, als spassen. Endlich so muß man das nicht gleich für einen Schertz halten, wodurch man zum lachen bewegt wird. Es kan jemand sich aus dem Athem lachen, wenn er einen andern fallen sieht, der Hals und Bein zerbricht, welcher aber doch gewiß nicht aus Spaß gefallen ist. Das Lachen kan aus unzähligen Ursachen entstehen, die keinen Schertz zum Grunde haben. Doch davon werde ich weiter handeln, wenn ich die Vollkommenheit eines Schertzes, in Absicht aufs lachen, untersuchen werde.

§. 22.

Die Vollkommenheit und Unvollkommenheit eines Schertzes ist, entweder eine materielle oder formelle. Die erste entsteht aus den Dingen, die man zum Schertze braucht, und worüber man schertzet. Ich bin nicht willens alle Eintheilungen der Schertze, die daher erwachsen, anzuführen. Sie sind nicht nur leicht, sondern auch bey nahe unzählig. Ich brauche sie auch zu meiner Abhandlung sehr wenig, weil es nicht hieher gehört, die Sittlichkeit der Schertze, und die daher entstehenden Pflichten zu untersuchen. Ich werde nur überhaupt zum Beschlusse meiner Abhandlung einige Anmerckungen darüber machen. Doch kan ich mich nicht enthalten, mit wenigen einige Arten dieser Schertze anzuführen. Ich nenne einen Schertz unschuldig, wenn er keine Sünde ist, oder wenn dabey keine Pflicht übertreten wird. Die Schertze die nicht unschuldig sind, bekommen ihren Namen von den Pflichten, welche dabey übertreten werden. Ein Schertz ist gottloß, wenn er den Pflichten gegen GOtt zuwieder; grob, unhöflich, bäurisch, wenn er die Pflichten der Höflichkeit übertrit; unanständig wenn er den Pflichten der Wohlanständigkeit widerspricht u. s. w. Man erkennt von selbst was ein höflicher, anständiger, keuscher Schertz u. s. w. sagen wolle. Hieher kan man auch die verschiedenen Arten der Schertze rechnen, welche auf den Zwecken, die man ausser dem Lachen bey einem Spasse haben kan, beruhen. Man wird ohne mein Erinnern gewahr werden, daß ich dahin, unter andern, die beissenden oder satyrischen Schertze rechne.

§. 23.

Die formellen Vollkommenheiten und Unvollkommenheiten der Schertze, gehören wesentlich in meine Abhandlung. Sie beruhen auf der Einrichtung derselben, und Geschicklichkeit zu ihrem Zweck, in so fern sie von einem scharfsinnigen Witze abhangen, ohne daß man dabey auf ihren Gegenstand sieht. Ich theile sie in dieser Absicht in zwey Arten. Die erste begreift die glücklichen oder geschickten Schertze, wenn sie formaliter vollkommen sind. Sind sie in einem höhern Grade glücklich, so werden sie feurige Schertze genennt. Zu der zweyten Art gehören diejenigen, denen eine formelle Unvollkommenheit zukommt, sie werden unglückliche, ungeschickte, abgeschmackte Schertze genennt. Ein Schertz der in höhern Grade abgeschmackt ist, heißt frostig. Ich hätte bey nahe vergessen zu erinnern, daß ein feuriger Schertz gottloß unhöflich seyn könne, und ein abgeschmackter unschuldig. Folglich kan ein Schertz eine grosse formelle Vollkommenheit besitzen, der aber in der Sache selbst höchst unvollkommen ist, und umgekehrt.

§. 24.

Da eine Vorstellung um so viel vollkommener oder unvollkommener ist, formaliter betrachtet, je vortreflicher oder schlechter sich die Vorstellungskraft, wodurch sie gewürckt wird, bey ihrer Hervorbringung bewiesen; so muß auch ein Schertz um so viel glücklicher oder unglücklicher seyn, je stärcker oder matter und schwächer der scharfsinnige Witz ist, wodurch er gewürckt wird, und je geschickter er selbst ist ein Lachen zu erwecken. Das Feuer und die Kälte eines Schertzes, haben also ihren Grund, eines theils, in der Stärcke und Mattigkeit des scharfsinnigen Witzes; andern theils aber, in der Geschicklichkeit desselben einen andern zum lachen zu reitzen. Man thue hinzu, daß auch ein geschickter Vortrag des Schertzes sehr viel beytragen kan, das Feuer desselben zu vermehren, gleichwie der feurigste Spaß durch einen ungeschickten Vortrag kan ausgedämpft werden.

§. 25.

Wenn man den 24. Absatz mit dem 28. vergleicht, so können daher die Hauptregeln mit geringer Mühe erwiesen werden, wonach ein Schertz eingerichtet werden muß, wenn er glücklich und feurig seyn soll. Ein Spaß wird glücklich 1) wenn viele Dinge verglichen werden. 2) Wenn die Vorstellungen, die den Schertz ausmachen, unbekannt sind. 3) Wenn die verglichenen Sachen sehr verschieden sind. 4) Wenn er viele und grosse Uebereinstimmungsstücke entdeckt. 5) Wenn kurtz vor dem Schertze, sehr starcke Vorstellungen von anderer Art, vorhergegangen. 6) Wenn er mitten unter solchen Vorstellungen vorgetragen wird, die sehr starck und von anderer Art sind. 7) Wenn er selbst eine sehr starcke und grosse sinnliche Vorstellung ist. 8) Wenn er sehr geschickt ist ein Lachen hervorzubringen, oder wenigstens dazu sehr lebhaft zu reitzen. 9) Wenn er auf eine geschickte Art vorgetragen wird. Nach diesen Regeln will ich meine Beurtheilung der Schertze einrichten. Und ich glaube, es wird aus denselben, durch ein geringes Nachdencken, können erkannt werden, daß ein feuriger Schertz unter die vollkommensten und vortreflichsten sinnlichen Vorstellungen gehöre; und daß ein spaßhafter Kopf, der in seinen Schertzen glücklich ist, eine wahre Hochachtung und Bewunderung verdiene.

§. 26.

Das Feuer eines Schertzes, und die unterschiedenen Grade desselben, entstehen 1) durch die Menge der Regeln die dabey beobachtet werden. Je mehr von den kurtz vorher angeführten Regeln beobachtet werden, desto glücklicher und feuriger wird der Schertz; je wenigern Regeln er aber gemäß ist, desto unglücklicher und frostiger muß er seyn. 2) Durch die genauere Beobachtung einer jeden Regel. Je mehr und besser eine jede beobachtet wird, desto glücklicher ist der Spaß; je schlechter und kleiner aber die Beobachtung einer jeden Regel ist, desto unglücklicher und frostiger muß der Schertz gerathen. Ich will mich nicht unterstehen zu versichern, daß ich mir getrauete, den Grad der Güte eines Schertzes in einem gegebenen Falle genau zu bestimmen. So weit habe ich es noch nicht in der mathematischen Erkenntniß solcher Dinge gebracht, die nicht nach Ruthen und Schuhen können abgemessen werden. Ich begreife auch leicht, daß ich einen zu strengen Kunstrichter abgeben würde, wenn ich keinen andern Schertz loben wolte, als solche die im höchsten Grade feurig sind. Mir deucht, daß ich das von einem spaßhaften Kopfe sagen könne, was **Horatz** von den Dichtern behauptet:

mediocribus esse poetis
Non homines, non di, non concessere columnae.

Ich bin also der Meinung, daß man einem Schertze seinen Beyfall nicht versagen könne, wenn er nur mehr als mittelmäßig glücklich ist. Doch ich muß nun weiter gehen, und eine jede der gegebenen Regeln genauer untersuchen.

§. 27.

Die erste Vollkommenheit eines glücklichen Schertzes entsteht, vermöge der ersten Regel §. 25. aus der Anzal der Dinge, die mit einander verglichen werden. Ich rede nicht von der Vollkommenheit und Stärcke eines schertzhaften Menschen, die man ihm zugestehen muß, wenn er geschickt ist oft und viel zu schertzen, mit allem was ihm vorkommt. Ein Mensch dessen Fertigkeit zu schertzen sich über unzälige Gegenstände erstreckt, hat ein sehr weites Feld, darin sich sein Witz und Scharfsinnigkeit würcksam beweißt, und man muß ihm einen grossen Reichthum an schertzhaften Einfällen zugestehen. Darin besteht aber nicht die Vollkommenheit, die ich hier meine. Diese Schönheit eines Schertzes muß in einem einzigen Schertze enthalten seyn. Der Schertz der dieselbe haben soll, muß uns sehr viele Dinge auf einmal vorstellen. Ich gebe zu, daß ein Schertz, der auch nur zwey Dinge mit einander vergleicht, im übrigen sehr feurig seyn könne. Man wird aber doch zugestehen müssen, daß ihm eine Schönheit fehlt, die nicht anders möglich ist, als durch die Menge der Gegenstände, die man in einem einzigen Schertze zusammen faßt. Zwey Schertze, die im übrigen gleich schön sind, deren einer nur zwey Dinge vergleicht, der andere aber mehrere, sind ohne Streit dergestalt von einander unterschieden, daß der letztere vor den erstern den Vorzug erhalten muß.

§. 28.

Ein Schertz bekommt durch die in dem vorhergehenden Absatze angemerckte Vollkommenheit, eine Schönheit, die eine ungemeine Belustigung zu verursachen vermögend ist. Nichts belustiget die Einbildungskraft stärcker, als die Verschiedenheit. Das Auge irret mit dem grösten Vergnügen in einer Gegend herum, von der es kein Ende erblickt, und welche durch eine unendliche Mannigfaltigkeit der Gegenstände ausgefüllt ist. Alles was groß und unendlich ist, erweckt in der Seele eine angenehme Empfindung. Es sey nun, daß unser Geist sich über seine eigene Stärcke, wodurch er vermögend ist so vieles auf einmal zu fassen, ergötzt. Oder, daß selbst eine jede Vorstellung eine Vollkommenheit ist, die die Seele fühlt, und welche durch die Vervielfältigung der Vorstellungen selbst vervielfältiget wird. Oder daß die Menge der Vorstellungen, die die Seele mit einemmal begreift, eine Uebereinstimmung des mannigfaltigen in der Seele selbst entsteht, welche sie fühlt, und woher, als aus einem Gefühl der Vollkommenheit, eine Lust entstehen muß. Dem sey wie ihm wolle, das mannigfaltige, und die Abwechselung in demselben, führt jederzeit etwas belustigendes mit sich.

Jucundum nihil est nisi quod reficit varietas.
Publ. mimogr.

Wenn also ein Schertz eine solche Mannigfaltigkeit in sich faßt, so muß er angenehm seyn. Und ich halte mich vor überzeugt, daß ein angenehmer Schertz besser sey, als ein unangenehmer. Jener erweckt ein lachen wodurch das Gemüth aufgeheitert wird, und wer lacht nicht gerne zu dem Ende? Und wer geht nicht gerne mit solchen Leuten um die auf eine so angenehme Art schertzen?

Nil ego contulerim iucundo sanus amico.
Hor. Satt. L. I. Sat. V.

§. 29.

Zu den Schertzen, welche diese erste Vollkommenheit haben, können diejenigen gerechnet werden, welche durch die Anführung eines Verses aus einem berühmten Poeten gemacht werden. Wenn die Wahl glücklich ist, so wird der Schertz ohnfehlbar gerathen. Man kan entweder die unveränderten Worte des Dichters behalten, oder dieselben etwas verändern. Wem nun der Dichter bekannt ist, dem wird durch die Anführung, auch nur einiger Worte, der Zusammenhang der gantzen Stelle ins Gemüth gebracht, woher man den Vers entlehnt hat. Und man wird mir ohne Beweiß zugestehen, daß dadurch der Einbildungskraft eine gantze Menge mannigfaltiger Dinge vorgestellt wird. Ich setze voraus, daß sonst keine nothwendige Eigenschaft eines Schertzes fehlt. Dieses Kunstgriffes wissen sich die Satyrenschreiber, mit grossen Vortheile, zu bedienen, und ich halte es daher für unnöthig Exempel anzuführen. Von gleicher Art sind die Sprüchwörter. Einige derselben beziehen sich nicht nur, vermöge ihres wesentlichen Inhalts, auf viele Dinge zugleich, sondern weil sie in unendlich vielen Fällen im gemeinen Leben gebraucht werden, so stellt uns die Einbildungskraft, so bald wir das Sprüchwort hören, unzälige solcher Fälle vor. Wenn man demnach schertzen will, und man führt zu dem Ende, ein bekanntes Sprüchwort an, das sich sonst zu den Umständen schickt, und die Sache lächerlich macht, so bekommt der Schertz eine Mannigfaltigkeit die angenehm seyn muß.

§. 30.

Diese Vollkommenheit der Schertze, von der ich bisher geredet habe, entsteht auch aus der Erzehlung einer gantzen Begebenheit. Man kan sie entweder selbst erdichten, oder aus der Geschichtskunde entlehnen. Das erste erfodert eine grosse Geschicklichkeit. Ich unterstehe mich nicht, Regeln davon zu geben, da es überdies mein Zweck nicht ist dergleichen vorzutragen. Ich mercke nur an, daß durch eine solche Erzehlung, ein Schertz diejenige Schönheit bekommt, von der ich jetzo rede. Eine Erzehlung faßt sehr vieles in sich, es kan demnach einem solchen Spasse an Mannigfaltigkeit nicht fehlen. Ein Exempel gibt mir des Herrn **Liskov** Satyre, auf den bekannten **Philippi**, in welcher er seinen Tod erzehlt. Entlehnt man die Erzehlung aus der Geschichtskunde, so kan es auf verschiedene Art geschehen. Man kan eine berühmte Person nennen, oder sonst eine berühmte Sache und Begebenheit. Man kan durch einen kurzen Ausspruch, eine bekante Sache ins Gedächtnis bringen, und dem Schertze diejenige Lebhaftigkeit geben, welche durch die Anzahl der verglichenen Dinge entsteht. Meine **Leser** werden nicht dencken, als wenn ich glaubte, daß die Verse, Sprüchwörter, und Erzehlungen, dem Schertze keine andere Schönheiten, als die Mannigfaltigkeit zu geben vermögend wären. Ich habe diese Quellen der Schertze nur deswegen angeführt, damit man überzeugt werde, daß meine erste Regel der Schönheit eines Schertzes, von der ich bisher geredet, gegründet sey.

§. 31.

Ich gehe zur andern Hauptvollkommenheit der Schertze fort. Ich habe §. 25. erwiesen, daß ein glücklicher Schertz unbekannt seyn müsse. Man muß diese Vollkommenheit nicht so verstehen, als wenn das Materielle des Schertzes, die Sachen worüber man schertzet, und woher man den Schertz nimmt, unbekannt seyn müsten. Nein, das wäre eine Unvollkommenheit die den gantzen Schertz verderben würde. Ein solcher Spaß wäre viel zu dunckel, als daß er solte verstanden werden können, und ein Schertz der nicht eingesehen wird, ist in Absicht auf den, der ihn nicht einsieht, kein Schertz. Der allerfeurigste Spaß thut keine Würckung, bey denen die ihn nicht verstehen. Ich glaube daß uns viele Schertze im **Cicero**, und andern alten Schriftstellern besser gefallen würden, wenn wir sie nur gantz verstünden. Warum kan niemand über die pyxis Coeliana im **Quintilian** und **Cicero** lachen? Die Sache ist uns unbekannt. Man begreift also, wovon ich unten ausführlicher handeln werde, daß die Sachen womit man schertzet, demjenigen bekannt seyn müssen, bey dem ein Schertz seine Würckung thun soll. Was ist aber denn nun das unbekannte, das zur Schönheit eines Schertzes erfodert wird? Es besteht, mit einem Worte, in dem schertzhaften eines Spasses. Das was einen Schertz zum Schertz macht, die Form desselben, der Schwung der Gedancken, die Vergleichung verschiedener Stücke, und hundert andere Dinge die das Wesen eines Schertzes ausmachen, müssen noch unbekannt seyn. Oder, will man es anders ausdrucken, so sage man, daß ein glücklicher Schertz neu seyn müsse.

§. 32.

Wenn ich sage, daß ein glücklicher Schertz noch neu und unbekannt seyn müsse, so verstehe ich das nicht nur von den Personen, denen der Schertz vorgetragen wird, sondern auch von der schertzenden Person selbst. Ein Mensch der einen ihm schon bekannten Schertz vorträgt, beweißt alsdenn keine Stärcke seines scharfsinnigen Witzes. Er braucht nichts weiter als sein Gedächtniß, und er verhält sich dabey nicht anders als ein Geschichtschreiber, der die Schertze eines andern erzehlen kan, ohne selbst ein spaßhafter Kopf zu seyn. Es ist wahr, wenn ein solcher Schertz nur den Zuhörern noch unbekannt ist, so kan er bey ihnen alle Würckungen eines feurigen Schertzes hervorbringen. Derjenige, der den Schertz erzehlt, darf sichs nur nicht mercken lassen, daß ihm derselbe schon längst bekannt gewesen ist. Dem ohnerachtet behält ein solcher Spaß einen Fehler, der von andern nur darinn unterschieden ist, daß er nicht so mercklich ist. Noch viel nöthiger aber ist es, daß ein Schertz der glücklich gerathen soll, den Zuhörern noch neu und unbekannt sey. Haben sie ihm schon unzählige mal gehört, so ist er was altes, und er verliehrt alles das Feur, welches ihm nichts anders als die Neuigkeit geben kan.

§. 33.

Das neue hat jederzeit eine Schönheit, die alle dem fehlen muß, was alt ist. Das alte wird uns zur Gewohnheit, man gibt nicht mehr drauf achtung, die Vorstellung desselben verdunckelt sich nach und nach, und wir werden natürlicher Weise verdrießlich, ein und eben dasselbe so oft zu dencken, weil die Seele keinen Zuwachs der Erkenntniß, so ein Mangel einer Vollkommenheit ist, dabey fühlt. Was uns aber noch neu ist, beschäftiget unsere gantze Aufmercksamkeit, es entsteht darüber eine Art einer angenehmen Verwunderung, unsere Seele freuet sich heimlich über den Anwachs ihrer Erkenntniß, welcher überhaupt betrachtet eine Vollkommenheit ist. Kurtz, eine Vorstellung die bey uns gantz neu ist, hat ein Licht welches viel zu angenehm ist, als daß wir es nicht mit Vergnügen sehen solten. Ich weiß wohl, daß es Leute gibt, welchen vor dem was neu ist eckelt, und die sich in das Alterthum dermassen verliebt haben, daß sie mit einem innigern Vergnügen die Schrift auf einer verrosteten Müntze lesen, als den Beweis einer neuen Wahrheit durchdencken. Allein ich weiß auch, daß diese Bewunderer des Alterthums meinen Satz bestätigen. Nimmermehr würden sie ein verschimmeltes Manuscript mit Vergnügen ansehen, wenn es in ihrer Vorstellung nicht etwas neues wäre. Nein, es bleibt dabey, die Natur bleibt sich überall ähnlich, das alte in so fern es alt ist kan niemals uns das Vergnügen geben, welches Neuigkeiten verursachen, als in so fern unsere Gedancken davon neu sind. Die Neuigkeit ist also eine Schönheit des Schertzes, welche reitzt. Man kan hinzu thun, daß die Neuigkeit eines Schertzes ein untrüglicher Beweiß sey, daß ihn der schertzende selbst gemacht hat. Die

Stärcke und Geschicklichkeit seines scharfsinnigen Witzes leuchtet darinn unleugbar hervor, und gibt dem Schertze eine Anmuth, die eine Bewunderung des Urhebers verursacht. Ein Schertz der feurig seyn soll, muß wenigstens einen gantz neuen Gedancken enthalten, der zu dem schertzhaften in demselben gehört.

§. 34.

Ein Schertz muß nothwendig abgeschmackt und frostig seyn, der von Vater auf Sohn fortgepflanzt worden. Man solte, bey manchen Spassen, womit sich verfrorne Köpfe breit machen, fast auf die Gedancken gerathen, daß es Familien-Spasse gebe; und daß man, wenn die dunckeln Zeiten diese wichtige Nachricht nicht entrissen hätten, den Ursprung mancher Schertze vor den Hunnen Kriege finden könnte. Es ist nichts natürlicher, als daß ein Sohn die Schertze seines spaßhaften Vaters bewundert und sich mercket. Kan man wohl anders dencken, als ein Vater werde sich über sein kluges Kind hertzlich freuen müssen, wenn es so gelehrig ist, und die Schertze seines Vaters wieder an Mann zu bringen weiß? Ich betrüge mich entweder, oder die mehresten Spasse, die man im gemeinen Leben hört, sind geerbte Spasse, nur daß sie, wie bey allen mündlichen Ueberlieferungen zu geschehen pflegt, denn und wenn eine kleine Veränderung auszustehen haben. Ein Schertz der scharfsinnigen Köpfen, und einem gereinigten Geschmacke gefallen soll, muß unsern Vätern unbekannt gewesen seyn. Man hat sich dabey nicht nach dem Beyfall des grösten Hauffens zu richten. Ich weiß wohl, daß unter denselben ein verdorbener Geschmack herrscht, dem solche ererbte Schertze dennoch zu gefallen pflegen. Allein, das ist ein Beweis der abgeschmackten Beschaffenheit eines Spasses, wenn er einem frostigen Kopfe gefällt, und es bleibt wahr was **Horatz** gesagt:

Nec, si quid fricti ciceris probat & nucis emtor,
Aequis accipiunt animis, donantue corona.

§. 35.

Ein Schertz der feurig seyn soll, muß nicht zur Mode geworden seyn. Ein Mode Schertz ist viel zu bekannt, und alt, als daß er einiges Feur behalten solte. Man kan leicht dencken, was ein feuriger Witz vor Vergnügen finden wird, in den gewöhnlichen artigen Zusammenkünften, da sich ein jeder bemüht die Gesellschaft, mit spaßhaften Einfällen nach der Mode, zu unterhalten. Will man Exempel solcher abgeschmackten Schertze hören, so darf man nur mit einem kleinen Herrn umgehen. Ein kleiner Herre ist eine Archiv aller Dinge die zur Mode gehören. Sein Kopf start vor Menge der artigen Einfälle, welche im Schwange gehen. Er bringt mit inniger Zufriedenheit hundert lustige Einfälle vor, die tausend andere ebenfals sagen. Es müste jemand sehr wenigen Umgang haben, dem nicht hundert Schertze von solcher Art beyfallen solten. Doch kan ich mich nicht enthalten derjenigen zu erwehnen, die man durch eine Anspielung auf solche Dinge macht, die mir die Schamhaftigkeit zu nennen verbiethet. Ich will nicht sagen, daß diese abgeschmackten Zoten viel zu schmutzig sind, als daß sie einem ehrbaren Menschen solten anständig seyn. Ich sage nur, daß derjenige einen sehr armseeligen Witz blicken läßt, der mit Schertzen aufgezogen kommt die unter den Pöbel im Schwange gehen, und davon man Millionen ähnliche und gantz gleiche Schertze antrift. Muß das nicht ein allerliebster Umgang mit Frauenzimmer seyn, wo man seiner Schönen mit dergleichen witzigen Einfällen zu schmeicheln sucht? Die Kützelung, die durch einen solchen frostigen Schertz entsteht, rührt gewiß nicht aus dem sinnreichen desselben her, sondern aus dem Inhalte desselben, der allein im Stande ist, die Lebens Geister eines schmutzigen Gehirns, zu reitzen. Es sey also ferne, daß ich solche Mode Schertze billigen solte, sie gehören unter die Zahl derjenigen, die ein guter Geschmack für abgeschmackt hält. Doch was kan man wohl hoffen? Kan man wohl glauben, daß die Liebhaber dieser Schertze sich bessern werden, wenn man ihnen auch die Wahrheit noch so deutlich sagt? Ich zweiffele sehr daran. Sie wollen mit aller Gewalt spaßhafte Köpfe seyn, sie selbst können nicht schertzen, ist es wohl anders möglich, als daß sie zur Mode ihre Zuflucht nehmen? Uberdem finden solche frostige Köpfe jederzeit Bewunderer ihres Witzes:

vn sot trouve touiours un plus sot qui l'admire
Boileau.

So lange es demnach Leute gibt die ihrer Natur zum Possen schertzen wollen; So lange es Leute gibt, die einen Mode Schertz bewundern, so lange werden auch die Mode Schertze ihr altes Recht behaupten.

§. 36.

Der vorhergehende Absatz veranlaßt mich zu einer Critik, über eine Stelle im **3. Buch der Odyssee**. **Homer** läßt den **Demodocus** die Rache des **Vulcans** besingen, die ihm die Eifersucht über seine Frau eingeblasen. **Vulcan** war von der Untreue seiner **Venus** benachrichtiget worden, und weil er sich auf seine Füsse zu verlassen keine Ursach fand, so hatte er Grund zu zweiffeln die **Venus** auf frischer That einmal zu ertappen. Er ersan eine List, die man von einem Schmidt, der eine Gottheit ist, vermuthen kan. Er verfertigte eine unsichtbare Schlinge, die unzerbrechlich war, und die er nur selbst aufzulösen vermochte. **Venus** und **Mars** werden gefangen. **Vulcan** erblickt seinen Fang, und hebt ein so erbärmliches Geschrey an, wozu Rache, Eifersucht, Zorn und Verspottung einen Ehemann in ähnlichen Umständen nur immer zu vermögen im Stande sind. Alle Gottheiten männlichen Geschlechts, denn das Frauenzimmer des **Olympus** war viel zu schamhaftig, als daß es bey dieser schmutzigen Begebenheit erscheinen solte, kommen zu Hauffe, und bewundern die List des **Vulcans**. Wer **Homers** Götter kennt wird mit leichter Mühe errathen können, was ein jeder von ihnen, bey diesem Anblicke, wird gedacht haben. **Apollo** ist unverstellter als die übrigen, er fragt den **Mercur**, ob er wohl wünschte sich jetzt in den Umständen zu befinden, in welchen **Mars** betroffen worden? **Mercur** antwortet mit aller der Schalckhaftigkeit, wozu eine so lustige Gottheit im Stande war. O, sagt er, wenn es nur wahr wäre, und wenn ich noch dreymal stärcker gefesselt wäre, und alle Götter und Göttinnen mich sehen solten, so wolte ich doch bey der unvergleichlichen **Venus** gerne liegen. Diß war nun der Spaß, darüber alle Götter anfingen zu lachen. Ich will nicht sagen, daß dieser Schertz einer Gottheit unanständig sey, und daß **Mercur**, wenn er ein Philosoph gewesen wäre, ohnfehlbar zur **Cynischen** Secte gehört hätte. Der läppische Character den **Homers** Gottheiten haben kan damit völlig bestehen. **Homer** hat auch sehr gut gethan, daß er das Frauenzimmer zu Hause bleiben lassen, weil er selbst scheint gesehen zu haben, daß sonst die gantze Begebenheit, und der Spaß den er anbringt, unerträglicher würde geworden seyn. Ich will auch zugeben daß dieser Schertz einiges Feuer in anderen Absichten haben könne. Ob er aber neu genug sey, daran habe ich grosse Ursach zu zweiffeln. Es ist mir sehr wahrscheinlich, daß **Apollo**, wo nicht eben die Gedancken gehabt, doch schon die Antwort des **Mercurs** vorhergesehen. Und ich zweifele gar nicht, daß die übrigen Götter eben das gedacht. War also dieser Schertz in der Versammlung der Götter etwas neues? **Homers** Fabel macht also den Schertz des **Mercurs** auf dieser Seite frostig. Doch ich tadle auch diesen Schertz aus einem ernsthafteren Grunde. Soll er feurig seyn, so muß er den Lesern des **Homers** neu und unbekannt seyn. Kan man dieses wohl von diesem lustigen Einfalle des **Mercurs** sagen? Ich habe Ursach dran zu zweiffeln. Dieser Schertz gehört unter die Alltages Schertze, deren man mehr, als gut ist, antrift. War dieser Schertz also wohl werth, daß bey nahe der gantze Himmel drüber lacht?

§. 37.

Wenn ein feuriger Schertz neu seyn soll, so muß ihn der Schertzende auch keinem andern abborgen. Er muß sich nicht für den Erfinder eines Spasses ausgeben, den ein anderer erdacht hat. Es gibt auch hier eine Art eines gelehrten Diebstahls, wird er entdeckt, so verliehrt der Schertz ein grosses Stück seines Feuers; bleibt er aber auch verborgen, so fehlt ihm nichts destoweniger eine Schönheit, ob man gleich diesen Mangel nicht merckt. Wer einen Schertz stiehlt, muß, wenn er anders nicht ausserordentlich unverschämt ist, mit tausend Aengsten befürchten, daß es seine Zuhörer mercken werden, denn alsdenn ist ihnen der Schertz entweder schon bekannt, oder der schertzende wird von ihnen nicht anders als ein Sprachrohr betrachtet, durch welches, der von ihnen entfernte Urheber des Scherzes, ihnen seinen lustigen Einfall mittheilt. Wenn man eines andern Schertze erzehlt, kan man sehr selten diejenige anständige Dreistigkeit behalten, die zu einem glücklichen Spasse nöthig ist. Ja was noch mehr. Der Schertz kan in dem Munde seines Erfinders ein grosses Feur besessen haben, welches verlöscht, wenn ein anderer eben denselben vortragen will, weil sich beyde in verschiedenen Umständen befinden, die doch allezeit sich aufs genaueste passen müssen, wenn der Spaß gerathen soll. Ich will zugeben daß niemand den Diebstahl merckt, daß derjenige, der den Spaß von andern entlehnt, die anständigste Dreistigkeit blicken lasse, und daß alle Umstände sich aufs genaueste schicken. Dem ohnerachtet behaupte ich, daß der Schertz eine Häßlichkeit behält, weil zwar der Fehler verborgen ist, aber doch würcklich vorhanden ist. Denn der Schertz ist doch alt, und der ihn vorträgt ist ein blosser Erzähler desselben.

Ich könnte dergleichen Schertze **Thrasonische** Spasse nennen. **Thraso** beym **Terenz** im Eunuch. macht es eben so:

Tuumne, obsecro te, hoc dictum erat? vetus credidi.
Audieras? saepe; & fertur in primis
Meum est.

Ich rathe demnach einem jeden spaßhaften Kopfe, ja niemals die Schertze anderer Leute nachzubeten. Sind sie selbst nicht im Stande Erfinder der Schertze zu seyn, so thun sie viel besser gar nicht zu spassen, als so verwegen zu seyn, und sich in die Gefahr zu begeben, die Armut ihres Witzes zu verrathen. Eben das gilt auch von allen denjenigen, die durch das lesen artiger und sinreicher Schriftsteller, einen Vorrath artiger Gedancken sich gesamlet haben, die sie bey aller Gelegenheit, durch eine männliche Nachahmung, wiederum an Mann zu bringen suchen. Man kan ihnen den Ruhm geschickter und glücklicher Nachahmer manchmal nicht absprechen. Ein **Bayle** und **Fontenelle**, kan der Vater unzäliger kleiner **Bayle** und **Fontenelle** seyn. Nur müssen sich diese kunstmäßigen Abschreiber bescheiden, so lange keinen Anspruch auf einen witzigen Kopf vom ersten Range zu machen, bis sie Erfinder artiger Einfälle geworden.

§. 38.

Eine Sache die noch so neu ist wird mit der Zeit alt. Alle Dinge in der Welt sind der Vergänglichkeit unterworffen, und ein Schertz mag noch so feurig seyn, so wird er mit der Zeit frostig. Folglich muß ein Spaß nicht zu oft aufgewärmt werden. Wenn ein Schertz das erstemal noch so schön gerathen, so wird er das andre mal schon viel von seiner Lebhaftigkeit verlohren haben, und noch mehr wenn man ihn zum dritten mal hört. Man kan einen Schertz mit der Zeit ohne Bewegung anhören, über welchen man sich das erstemal aus dem Othem gelacht hat, und man verwandelt endlich sein Wohlgefallen über den Spaß, in eine Verachtung desjenigen, der sich erkühnt uns mit einerley so oft zu unterhalten.

Ridetur chorda qui semper oberrat eadem.
Hor. art. poet.

Ein solcher Schertz wird mit der Zeit gar zu bekant, und man hat grosse Ursach zu glauben, daß ein scharfsinniger Witz nicht eben gar zu groß und fruchtbar seyn müsse, der sich durch einen einzigen glücklichen Schertz erschöpft zu haben scheint, weil er immer denselben und keinen neuen vorträgt. Ja der, so diesen Fehler in Schertzen begeht, bezeigt gar zu wenig Hochachtung gegen seine Zuhörer. Er glaubt entweder, daß sie kein gutes Gedächtniß haben, und daß ihnen also einerley Sache immer neu bleiben müsse; oder daß sie nicht witzig genug gewesen, seinen Spaß schon hinlänglich zu verstehen; oder daß sie gar zu flatterhaft sind, und die schlechteste Ursach zum lachen ergreifen, sich lustig zu machen. Alles dieses wird dem Schertzenden sehr wenig Hochachtung bey seinen Zuhörern zu wege bringen. Nein, ein Schertz der einmal geglückt, muß Zeitlebens nicht wieder vorgetragen werden. Oder, will man mehr Gelindigkeit von mir fodern, so kan ich zwar die Zahl der Wiederholung nicht bestimmen; doch, nach meinem Geschmacke, gefält mir ein Schertz noch ziemlich, den ich zum zweyten oder dritten mal höre, wird er mir aber zum vierten oder fünften mal gesagt, so erweckt er in mir entweder Gleichgültigkeit, oder Verdruß. Das, was ich jetzo von Schertzen gesagt habe, kan man auch von einem jeden artigen Gedancken und Einfalle sagen. Ein Schriftsteller, der eine gewisse Anzal artiger Einfälle zu haben scheint, die er so oft vorbringt, als er redet oder schreibt, scheinet mir einen sehr eingeschränckten Vorrath davon zu besitzen, und macht seine Schrift, bey vernünftigen Lesern eckelhaft.

§. 39.

Ich kan mich hier nicht enthalten einen Fehler anzumercken den manche, die mit Gewalt, es koste was es wolle, lustige Gesellschafter seyn wollen, begehen. Sie samlen sich einen ziemlichen Vorrath kleiner poßirlichen Histórchen, die sie in allen Gesellschaften mit einer kützelnden Zufriedenheit erzehlen. Sie haben ihren eigenen Witz dergestalt verwöhnt, daß sie nicht lustig seyn können wenn sie diese Lappalien nicht vortragen. Und wer solche Leute kennt der pflegt, so bald sie den Faden ihrer Geschichte anfangen, zu sagen, ja ja! nun kommen die Historien, nun werden sie aufgeräumt. Ich will nicht sagen, daß es unverschämt gehandelt sey, eine gantze Gesellschaft mit Dingen zu unterhalten, die man ihnen wohl tausendmal gesagt hat. Ich sage nur, daß dis ein Zeichen eines sehr matten und frostigen Witzes sey, wenn man einerley schertzhafte Einfälle, so oft wiederholt. Wollen diese lebendigen Chronicken etwa einwenden, daß die Gesellschaft gleichwol lache, so bitte ich sie achtung zu geben, ob ein solches lachen nicht vielmehr eine erzwungene Höflichkeit sey, die man ihnen beweißt, weil man sich doch genöthiget sieht, mit ihnen umzugehen. Wenn sie sich die Mühe nehmen wollen diese Beobachtung zu machen, so werden sie gewahr werden, daß mancher über ihre Erzehlungen lacht, indem er mitten im Gähnen begriffen war. Doch kan es seyn daß sie sich in Gesellschaft mit Leuten von frostigen Witze und üblen Geschmack befinden, und alsdenn versichere ich ihnen, daß diese lachen werden, und wenn sie ihre Historien ihnen noch tausendmal vortragen solten.

§. 40.

Noch ein Fehler ist zu bemercken, welcher der Schönheit eines Schertzes, so aus der Neuigkeit desselben entspringt, zu wieder ist. Es besteht derselbe darin, wenn man gar zu aufgeräumt ist, und in kurtzer Zeit gar zu viel Schertze hinter einander vorträgt. **Cicero** hat denselben auch bemerckt, im **andern Buche vom Redner:** Hoc opinor primum, ne, quotiescunque potuerit dictum dici, necesse habeamus dicere. Ein jeder dieser Schertze kan an sich sehr schön seyn, und, wenn er allein vorgetragen wird, alles das Feur besitzen, so zu einem angenehmen Schertze erfodert wird. Allein weil er unter einer gar zu grossen Menge anderer Schertze vorgetragen wird, so erkaltet er. Man wird des lachens auch müde. Unsere Seele liebt die Veränderungen, eine Belustigung die gar zu lange einträchtig bleibt, wird matt und verliehrt ihre Anmuth. Alle glückliche Schertze erwecken in der Seele ein ähnliches Vergnügen, ist es also nicht natürlich, daß, wenn in kurzer Zeit, gar zu viele Schertze auf einander folgen, die folgenden immer frostiger werden müssen, je weiter sie von dem ersten entfernt sind? Alle sinnliche Lust wenn sie aufs höchste getrieben worden, nimt von selbst natürlicher Weise wieder ab. Omnibus in rebus voluptatibus maximis fastidium est finitimum. **Cicero** im **dritten Buch vom Redner.** Es streitet wider die Natur der Seele, viele feurigen Schertze hinter einander, mit gleicher Lebhaftigkeit, zu fühlen, die letztern haben keine völlige Neuigkeit mehr, weil sie das Vergnügen, das die vorhergehenden erweckt haben, nur durch einen etwas veränderten Grund verursachen, oder vielmehr nur fortsetzen. Es ist demnach natürlich, daß uns das Schertzen endlich verdrießlich werden muß, wenn es in einem, durch eine geraume Zeit, fortgeht.

Quem bis terque bonum cum risu miror, & idem
Indignor.
Hor. de art. poet.

Sollen alle unsere Schertze glücklich seyn, so muß man nicht zu viel auf einmal, und kurtz hinter einander spassen. Es ist demnach eine Maxim die der Vollkommenheit der Schertze nachtheilig ist, wenn man annimt, daß ein Schertz, der an sich feurig ist, auch könne vorgetragen werden, ohne weitere Betrachtungen dabey anzustellen. Ein schertzhafter Kopf muß kein Verschwender, sondern ein sparsamer Haußhalter seyn, der für das künftige sorgt. Hat er in manchen Stunden einen gar zu starcken Zufluß von Schertzen, so bedencke er, daß theure Zeiten kommen können, da bey ihm die Schertze sehr rar seyn möchten. Die Leute, die manchmal gar zu lustige und aufgeräumte Stunden bekommen, besitzen einen Witz, der mir einem gewaltigen Strohme gleich zu seyn scheint, bey welchen, wenn er einmal seinen Dam durchbrochen, kein aufhalten ist. Es ist wahr, wir sind, wenn wir auch noch so feurige Köpfe wären, nicht immer zum spassen aufgelegt; aber man kan doch sagen, daß es möglich sey sich vor den Fehler zu hüten, den **Horatz** an den Sängern bemerckt hat. *Satt. L. I. Sat. III.*

Omnibus hoc vitium est cantoribus, inter amicos
Vt nunquam inducant animum cantare rogati.
Iniussi nunquam desistant.

§. 41.

Ich will durch alle die bisherigen Regeln nicht fodern, daß der gantze Schertz von dem schertzenden erst müsse erfunden werden, ob ich gleich behaupte, daß das die schönsten Schertze dieser Art sind, welche der schertzende erschaffen hat, und das erstemal vorträgt. Man kan einen von andern gehörten Spaß vortragen, ja man kan seine eigene Spasse wieder aufwärmen, wenn nur etwas neues dabey vorkommt. Folglich muß wenigstens der schertzende mit Wahrheit behaupten können, daß er etwas an dem Schertze, den Augenblick erst, erfunden habe. Solche Schertze sind auch schön, ob gleich nicht in dem Grade, als die ganz neuen. Es kan hier eben so gehalten werden, als in den Wissenschaften. Man kan daselbst Wahrheiten von andern entlehnen, wenn man sie mit einiger Veränderung und Zusatz vorträgt, oder auch nur auf eine andere Art beweißt, und andere Folgen daraus herleitet, so kan man sich für den Erfinder einiger Theile dieser Wahrheit mit Recht ausgeben. Man kan daher andern ihre Spasse abborgen, ein kleiner Umstand, den wir hinzu oder wegthun, gibt uns ein Recht denselben eines theils für den unsrigen auszugeben. Wenn wir ihn auch nur in andern Umständen vortragen, und ihn so geschickt vorzubringen wissen, daß es natürlich zu seyn scheint, auf einen solchen schertzhaften Einfall zu kommen, so fehlts demselben doch nicht an aller Neuigkeit.

§. 42.

Ich habe zur dritten Schönheit der Schertze, die Verschiedenheit der Dinge, die man mit einander vergleicht, angenommen. §. 28. Wenn die Dinge gar nicht mercklich, oder doch in einem sehr geringen Grade verschieden sind, so verursacht die Entdeckung ihrer Ubereinstimmung, entweder gar keinen, oder doch einen sehr frostigen Spaß. Ich will nicht wieder sagen, daß ein solcher Spaß frostig sey, weil er von einem sehr matten Witze seinen Ursprung hat, denn das habe ich schon §. 20. angemerckt. Sondern ich habe noch andere Ursachen, warum ich behaupte, daß ein feuriger Schertz von Dingen, die in einem hohen Grade verschieden sind, müsse entlehnt werden. Ich werde unten darthun, daß wir lachen, wenn wir einen Wiederspruch in Kleinigkeiten gewahr werden. Soll nun der Spaß zum lachen reitzen, so muß er einen solchen Wiederspruch entdecken. Das wird gewiß nicht geschehen, wenn man Dinge, deren Uebereinstimmung groß, und augenscheinlich ist, mit einander vergleicht. Nimt man aber Dinge, die sehr verschieden sind, und deren Verschiedenheit offenbar, und in die Augen fält, und entdeckt in ihnen eine Uebereinstimmung, so scheint das ein Wiederspruch zu seyn, und wir erhalten unsern Zweck. Man kan hinzu thun, daß sonst der Spaß nicht neu und unerwartet genug seyn würde. Dinge die gar zu mercklich mit einander übereinkommen, sind sehr leicht zu vergleichen, ein jeder der sie betrachtet, kan mit einer geringen Aufmercksamkeit die Uebereinstimmung gewahr werden. Wird man jemanden also wohl viel neues sagen, wenn man sich die Mühe macht, ihm in solchen kleinen Entdeckungen zu helfen? Nein, Dinge worüber man glücklich schertzen will, müssen eine sehr unmerckliche Uebereinstimmung haben. Ihre Verschiedenheit muß so mercklich und groß seyn, daß sie dem Ansehen nach nichts mit einander gemein zu haben scheinen. Oder, wenn sie auch mit einander in manchen Stücken übereinkommen, so muß doch die Ubereinstimmung, die wir durch unsern Schertz in ihnen entdecken wollen, dergestalt beschaffen seyn, daß sie der Verschiedenheit derselben zu wiedersprechen scheint, und daß man daher Ursach zu glauben hat, daß keiner von unsern Zuhörern, ohne unsern Schertz, diese Entdeckung würde gemacht haben.

§. 43.

Wenn ein Schertz nicht die gemeldete Eigenschaft besitzt, so ist er ein so stumpfer Einfall, daß er für keine Geburth der Scharfsinnigkeit kan angesehen werden. Ein feuriger Schertz muß nicht nur durch den Witz gewürckt werden, sondern es muß auch darin eine grosse Scharfsinnigkeit hervorleuchten. Kan dieses wohl möglich seyn, wenn die verglichenen Dinge mit einander sehr übereinkommen? Nein, wenn ein Schertz nicht ein Schertz seyn soll,

> quem praecepit
> Rusticus, abnormis sapiens, crassaque Minerua.
> *Hor. Sat. L. II. Sat. II.*

so muß man nicht, wenn man schertzen will, handgreifliche Uebereinstimmungen vorbringen. Ein feuriger Schertz muß so fein und scharfsinnig seyn, daß er von einem plumpen Kopfe nicht eingesehen werden kan. Das kan nicht anders erhalten werden, als wenn man den Schertz dergestalt einrichtet, daß derjenige, der ihn begreiffen will, erst vorläufig einen grossen Unterschied gewahr werden muß. Das gemeine Leben könnte mir hier wieder eine ansehnliche Menge solcher stumpfen Spasse an die Hand geben, wenn ich glaubte daß der Versuch, den Geschmack des Pöbels zu verbessern, einen mercklichen Nutzen haben könnte.

§. 44.

Zur Verschiedenheit der Dinge wird ihre Unähnlichkeit, die Verschiedenheit ihrer Beschaffenheiten, gerechnet. Soll demnach ein Schertz gerathen, so müssen die Dinge, womit man schertzet, eine augenscheinliche Unähnlichkeit haben, die so groß und mercklich ist, daß man keine Aehnlichkeit in ihnen gewahr wird, wenn man sie nicht mit der äussersten Aufmercksamkeit betrachtet. Wenn man die mercklichen und augenscheinlichen Aehnlichkeiten der Dinge entdeckt, so kan man zwar sagen, daß man eine gute Allegorie, oder andere witzige Vergleichungen, gemacht habe, aber ein Schertz kan eine solche Entdeckung nicht genennt werden. So wenig man darüber lachen würde, wenn ein Maler sein Bild dem Originale so ähnlich macht als möglich, so wenig wird man durch die Anzeige der offenbaren Aehnlichkeit zweyer Dinge zum lachen gereizt werden. Der König in Franckreich, **Ludewig der eilfte**, gibt mir ein Exempel von einem Schertze, der diese Schönheit an sich hat. Man erzehlt daß er, da ihm die Nachricht überbracht worden, daß ein gewisser ungelehrter Mensch, einen sehr schönen Büchervorrath besitze, geantwortet habe: dieser Mensch sey wie ein bucklichter, der eine Last auf den Rücken trage, die er nicht sehen könne. Man wird ohne mein Erinnern mir zugestehen, daß ein ungelehrter Besitzer einer schönen Bibliothek, und ein ausgewachsener Mensch, zwey Dinge sind, deren Unähnlichkeit groß und handgreiflich genug ist.

§. 45.

Die andere Art der Verschiedenheit ist die Ungleichheit, die Verschiedenheit der Grösse. Ich bin überzeugt daß nichts lächerlicher und thörichter könne gedacht werden, als wenn sich kleine Dinge grossen gleichschätzen wollen. Die belachenswürdige Thorheit eitler und hochmüthiger Menschen, besteht ja eben darin, daß sie sich über sich selbst ausdehnen wollen, und dem Frosche in der Fabel ähnlich sind, der gerne so groß seyn wolte als ein Ochse. Meines Erachtens kan also kein Schertz stärcker zum lachen reitzen, als derjenige, welcher Dinge vergleicht, die der Grösse nach unendlich verschieden sind. Ich sage nicht, daß man die grossen Dinge denen kleinen gleich schätzen solle, das könnte nicht nur manchmal eine Frucht der Dumheit, Unwissenheit, Grobheit und Unverschämtheit seyn, sondern es würde auch in vielen Fällen nicht lächerlich seyn, weil alle grossen Dinge, der Wahrheit gemäß, den kleinen gleich sind, wenn man von ihnen dasjenige absondert, wodurch sie die kleinen übertreffen. Meinem Bedüncken nach, ist das eigentlich lächerlich, wenn man kleine Dinge denen grossen gleich schätzt. Das Grosse bleibt dabey in seinen Würden und Vorzuge, und man hütet sich vor den Verdacht der Leichtsinnigkeit. Der Wiederspruch ist dabey so mercklich, daß es nothwendig lächerlich seyn muß. Wird man nicht starck zum Lachen gereitzt wenn man beym **Ausonius**, Epigr. XCV. die Begebenheit des **Faustulus** ließt? **Faustulus** ritte auf einer Ameise. Da diese den Koller bekam, warf sie den unglückseeligen **Faustulus** herunter, schlug hinten aus, und versetzte ihm einen dergestalt tödtlichen Stoß, daß er in seiner Todesstunde nur noch zu seinem Troste sagen konnte: Er habe eben so einen schweren Fall gethan als **Phaeton**.

Faustulus insidens formicae, vt magno elephanto
Decidit, & terrae terga supina dedit.
Moxque idem est ad mortem multatus calcibus eius
Perditus vt posset vix retinere animam.
Vix tamen est fatus: quid rides improbe livor?
Quod cecidi? cecidit non aliter Phaëton.

Ein feuriger Spaß muß also unter Dingen, die der Grösse nach fast unendlich verschieden sind, eine Verhältniß, eine Gleichheit entdecken. Ich will eben nicht sagen, daß dis zu allen feurigen Schertzen nöthig sey. Manchmal kan man zwey Dinge der Grösse nach nicht mit einander vergleichen, weil man nur auf ihre Aehnlichkeit sieht. Doch ist unleugbar, daß ein Schertz um so viel feuriger seyn müsse, je ungleicher die Dinge sind, die mit einander verglichen werden.

§. 46.

Keine Dinge sind so verschieden als die einander entgegen gesetzt sind. In so fern sie entgegen gesetzt sind, haben sie gar nichts mit einander gemein. Man begreift also mit leichter Mühe, daß die Vollkommenheit eines Schertzes, von der ich bisher rede, nicht besser erhalten werden kan, als durch die Verbindung und Vergleichung wiederwärtiger Dinge. Und o! was entdeckt sich hier für eine fruchtbare Quelle der Schertze! Ich begnüge mich dieselbe bloß angezeigt zu haben. Exempel trift man in grosser Menge in den Satirischen Schriften an, welchen die Ironie die Stacheln gibt. Die Quelle der Ironie ist eben das entgegengesetzte desjenigen, worüber man spotten will. Und wenn sonst alles seine Richtigkeit hat, so müssen die Schertze, die daher genommen werden nothwendig gerathen. Es sind demnach alle sinnreichen Einfälle matte Schertze, wenn sie keine grosse Verschiedenheit der Dinge, womit man schertzet, zum Grunde haben. Sie können sonst alle Schönheiten eines sinreichen Einfals haben, und in dieser Absicht angenehm seyn, nur muß man ihnen den Namen der Schertze nicht beylegen, denn zu diesen wird auch Scharfsinnigkeit erfodert.

§. 47.

Aus dem, was bisher gesagt worden, erhellet von selbst, warum manche Leute mit ihren spaßhaften Einfällen, einem zur Last werden. Es sind das alle diejenigen die einen gar zu lebhaften Witz besitzen, der von einer schlechten Beurtheilungskraft regiert wird. Der Mangel der Beurtheilungskraft erhält seinen Ursprung aus dem Mangel der Scharfsinnigkeit. Es ist also klar, daß solche spaßhafte Köpfe einen viel zu lebhaften Witz besitzen, mit Ausschliessung der Scharfsinnigkeit, als daß sie glücklich in Schertzen seyn sollen. Muß das nicht verdrießlich seyn, wenn man mit lauter Anspielungen, Allegorien, tropischen Redensarten, und dergleichen unterhalten wird, wenn man diese Dinge für artige Schertze halten soll? Ich rathe daher einem jedweden witzigen Kopfe, nicht gleich einen jeden sinnreichen Einfall für einen Schertz zu halten und auszugeben, sondern jederzeit zu bedencken, ob der Witz durch die nöthige Scharfsinnigkeit unterstützt worden. Wenn man diese Behutsamkeit verabsäumt, so kan es leicht geschehen, daß uns unser Witz ein Blendwerk vormacht, und wir dadurch genöthiget werden, Dinge in solchen Stücken zu vergleichen, worin sie doch von einander unterschieden werden. Ein solcher Irrthum macht unsern sinreichen Einfall abgeschmackt, und um so viel unwürdiger ein guter Schertz zu heissen.

§. 48.

Ich komme zur vierten Schönheit der Schertze §. 25. Ein feuriger Schertz, muß sehr viele und grosse Uebereinstimmungsstücke, der verglichenen Dinge, entdecken. Dadurch wird ausser der Stärcke des Witzes, die alsdenn in dem Schertze mercklich wird, eine Vollkommenheit in demselben hervorgebracht, welche in Verwunderung setzt, die Sache lächerlich macht, und ungemein belustiget. Wenn die Sachen, wie die vorhergehende Schönheit der Schertze erfodert, ungemein unterschieden sind, und doch eine vielfältige und grosse Uebereinstimmung unter ihnen entdeckt wird, so ist das so etwas unerwartetes, welches ein angenehmes Erstaunen und Verwunderung verursacht. Man bewundert ja alle diejenigen Dinge, die man als etwas ansieht, so man vorher gar nicht gedacht hat. Es scheint wiedersinnisch zu seyn, daß so sehr verschiedene Dinge, doch eine so grosse Uebereinstimmung haben, und das ist eine kräftige Reitzung zu lachen. Wolte man wohl zweiffeln, daß diese Verwunderung und dieses lachen etwas unangenehmes sey? Es kan nicht anders seyn, als daß aus dem Gewahrwerden dieser Uebereinstimmung, eine Belustigung entsteht, weil die Uebereinstimmung der Dinge überhaupt eine Schönheit und Vollkommenheit ist.

§. 49.

Wenn ich sage, daß ein Schertz viele und grosse Vergleichungsstücke entdecken müsse, so will ich nicht behaupten, daß man durch eine weitläuftige Erzehlung dieser Stücke, den Schertz vortragen solle. Nein, dadurch würde der Schertz frostig werden. Man kan auch mit wenigen Worten sehr viel sagen. Genug, wenn man es nur sagt. Man muß seinem Zuhörer nur ein weites Feld eröfnen, die Uebereinstimmungsstücke selbst zu errathen, man muß ihn aber auch selbst gleichsam, zu dieser Untersuchung, zwingen. Ich sage jetzt nichts weiter, als daß durch einen Schertz dem Zuhörer mit einem mal, eine sehr grosse und mannigfaltige Ubereinstimmung der verglichenen Dinge vorgestellt werden müsse. Unser Schertz muß ein sehr kurzer Inbegriff sehr vieler Vergleichungsstücke seyn. Er muß einem Abgrunde ähnlich seyn, in welchem man immer mehr erblickt, je länger man in denselben hinein sieht. Es versteht sich von selbst, daß es wahre Vergleichungsstücke seyn müssen. Ein Blendwerck des Witzes, wodurch uns eine Verschiedenheit als eine Ubereinstimmung vorgestellt wird, kan nur so lange eine ungegründete Lust verursachen, so lange wir in Verwirrung und Irrthum bleiben. So bald der Nebel und das Blendwerck verschwunden, schämen wir uns, daß wir über einen Gedancken gelacht haben, der ein Hirngespinst gewesen. Doch davon werde ich weiter reden wenn ich die Wahrheit der Schertze untersuchen werde.

§. 50.

Durch diese Eigenschaft bekommt ein Schertz eine Schönheit, die ihm nichts anders zu geben vermag. Ein Schertz, der diese Beschaffenheit hat, gefält uns, so oft wir uns dessen wieder erinnern. So oft wir ihn von neuen überdencken, erblicken wir mehrere Vergleichungsstücke. Dadurch entsteht nicht nur ein neues Vergnügen, sondern wir sind auch mit uns selbst zufrieden, weil wir überzeugt werden, daß wir einen Schertz gebilliget, und darüber gelacht haben, der es vollkommen werth gewesen. Wir freuen uns heimlich über unsern guten Geschmack, und sind versichert, daß wir uns, durch das belachen dieses Spasses, keiner flüchtigen Leichtsinnigkeit verdächtig gemacht haben. Mit einem Wort, ein Schertz der diese Eigenschaft besitzt, hat diejenige Schönheit die **Ovidius**, Epist. ex pont. L. III. ep. V. an einer andern Sache rühmt.

Cumque nihil, toties lecta, e dulcedine perdant.
Viribus illa suis, non nouitate placent.

Ich widerspreche mir nicht. Ich habe zwar erwiesen, daß ein alter Schertz mat und frostig werde, das ist aber meinem jetzigen Gedancken nicht zu wieder. Es ist gantz ein anders, wenn man einen Schertz, als einen Schertz, sich oft muß vorsagen lassen, und wenn man eines Schertzes, den man von andern nur einmal gehört hat, sich oft wieder erinnert. Ich rede auch hier von einer andern Art des Vergnügens, so von dem gantz unterschieden ist, so aus der Neuigkeit entsteht. Ja man füge hinzu, wie ich niemals behauptet, daß die Neuigkeit eines Scherzes die einzige Schönheit desselben sey, und noch weniger, daß alles Vergnügen über einen

Spaß, gantz allein aus dem neuen desselben entstehe. Noch einmal, ein guter Schertz muß ein Thema seyn, darüber ein witziger Kopf, einen sehr langen allegorischen und Emblematischen Vortrag halten könnte.

§. 51.

Die Ubereinstimmungsstücke sind entweder Aehnlichkeiten, oder Gleichheiten, oder beydes zusammen. Ein glücklicher Spaß muß demnach, viele und grosse Aehnlichkeiten und Gleichheiten entdecken. Es ist wahr, die blosse Aehnlichkeit kan manchmal zureichen, allein ich glaube doch, daß die Gleichheiten und Proportionen derselben, erst dem Schertze die rechte Schönheit auf dieser Seite geben. Die Aehnlichkeiten fallen eher in die Augen, können leichter entdeckt werden, und es ist weniger Scharfsinnigkeit zu ihrer Entdeckung nöthig. Allein die Vergleichungen der Grössen erfodern mehr durchdringenden Verstand. Man muß die Grössen ausmessen, und sie mit einander vergleichen. Kan nun das unsere Seele gleichsam im Augenblicke verrichten, so beweißt sie dadurch ihre Stärcke in ausnehmenden Grade. Die Entdeckungen der Aehnlichkeiten können viel unrichtige Gedancken verursachen, wenn sie nicht durch eine genaue Beobachtung der Proportion in ihren gehörigen Schrancken erhalten werden. Alle einzelne Theile eines Gesichts können schön seyn, haben sie aber nicht die gehörige Proportion, so wolte ich nicht sagen, daß das Gesicht reitzend sey. Man kan sagen, daß die Proportion der Grundriß der Schönheit überhaupt sey. Kan wohl die Schönheit eine Schönheit seyn, wenn der Plan, nach welchen sie aufgeführt worden, nichts taugt? Ich sage also, daß ein Schertz abgeschmackt werden müsse, ob er gleich viele und grosse Aehnlichkeiten vorstellt, wenn in denselben gar keine Proportion ist. Doch wird niemals erfodert, daß die Proportion, die ich zu einem Schertze erfodere, nach der strengsten Mathematik richtig sey. Ein wenig mehr oder weniger, thut hier nichts zur Sache. Die Schertze sind ja ohne dem undeutliche Vorstellungen. Wenn nur die Proportion, dem Ansehen nach, beobachtet wird, so entsteht die Schönheit, von der ich rede. Ist doch in der Baukunst nicht einmal diese Strenge nöthig. Die Proportion kan fehlerhaft seyn, wenn der Fehler nur nicht in die Sinne fält.

§. 52.

Ich erachte es unnöthig zu seyn hier die Quellen anzuführen, woher diese Schönheit der Schertze entsteht. Sie sind viel zu bekannt, als daß ich meine **Leser** damit aufhalten solte. Alle Metaphern, Allegorien, und wie sie Namen haben mögen, sind die Gründe zu dieser Schönheit der Schertze, wenn sonst dabey kein Fehler begangen wird, der den Spaß frostig macht.

§. 53.

Da die Namen womit gewisse Dinge bezeichnet werden, und überhaupt die Worte, nicht als innere Bestimmungen der bezeichneten Sachen selbst anzusehen sind, so macht die Ubereinstimmung der Namen nicht die geringste Aehnlichkeit und Gleichheit der Sachen selbst aus. Es sind das demnach sehr frostige Schertze, welche auf der blossen Ubereinstimmung der Namen und der Worte, beruhen. Die Namen der Dinge sind viel zu weit, wenn ich so reden soll, von dem Rande der Dinge selbst entfernt, als daß sie auch nur die geringste Uibereinstimmung ausmachen könnten, die den Dingen selbst eigenthümlich zugehörten. Ein spaßhafter Kopf, der seine Schertze bloß in der Uebereinstimmung der Worte sucht, verräth einen Witz der viel zu mat ist, als daß er bis in die Sache selbst dringen solle. Die Sachen stehen weiter von seinem Gesichtspuncte weg, als ihre Namen, und er ist zu kurtzsichtig, er kan sie nicht erreichen. Nein, solche Spasse sind zu abgeschmackt, sie können nicht gebilliget werden. Sie können keinen andern Witze gefallen, als der weniger Feuer besitzt, als zu einem feinem Geschmacke erfodert wird. **Cicero, im andern Buche vom Redner**, billiget diese Schertze überhaupt. **Quintilian** verwirft diese Wort-Schertze auch nicht gantz in seinen **6ten Buche**, doch gibt er den Schertzen, die aus der Sache selbst genommen werden, einen grossen Vorzug.

§. 54.

Ich verwerffe in einem feurigen Schertze nicht alle Anspielungen und Aehnlichkeiten der Worte; sondern nur diejenigen Spasse, die in der blossen Aehnlichkeit der Worte bestehen. Man kan es daher leicht gewahr werden, ob ein Spaß diesen Fehler habe. Man darf ihn nur in anderen Worten ausdrucken, oder in eine fremde Sprache übersetzen, verliehrt er alsdenn alle sein Feur, so ist er gewiß abgeschmackt. Ein feuriger Spaß muß in allen möglichen Sprachen ein Schertz bleiben, obgleich nicht immer in einerley Grade. Man kan sagen, daß ein feuriger Spaß die Schönheit eines Gedichts haben müsse. Dasselbe muß ein Gedicht bleiben, man mag die Ordnung der Worte ändern, oder auch andere gleichgültige Worte an die Stelle der vorigen setzen,

Inuenias etiam disiecti membra poetae.
Hor. Sat. L. I. Sat. IIII.

Folglich muß ein Schertz, aus der Uebereinstimmung der Gedancken und Sachen selbst, hergenommen werden. Weil aber die Worte, womit man ähnliche Dinge ausdruckt, ungezwungen ähnlich seyn können, so würde es beym Schertzen ein unnöthiger Zwang seyn, den ich niemanden rathen wolte, wenn man die Uebereinstimmung der Worte mit Gewalt vermeiden wolte. Wenn sie nur nicht die Hauptsache beym spassen ist, und als eine ungezwungene Folge der Vergleichung der Begriffe anzusehen ist, so kan die Aehnlichkeit der Worte die Schönheit eines Schertzes wohl gar etwas vermehren, wenigstens in ein grösseres Licht setzen, indem sie die Einsicht des Spasses selbst erleichtert.

Wenn man dem **Cicero** und **Quintilian** diese Meinung zuschreiben will, so kan man sie entschuldigen, daß sie die Wort-Schertze gebilliget haben.

§. 55.

Zu diesem Klapperwerck in Schertzen rechne ich alle Zweydeutigkeiten, Anspielungen auf Nahmen, Versetzungen der Buchstaben, Veränderungen derselben, Verstimmelungen und Verlängerungen der Namen, und wie diese Kindereyen alle heissen mögen. Des **Cicero** Jus verrinum ist ein zu oft gepeitschter Spaß, als daß ich nöthig hätte denselben zu tadeln. Man findet mehr dergleichen in eben diesem Schriftsteller, insonderheit in seinen Briefen, und in den Reden wieder den **Verres**. Ich rechne diese abgeschmackten Schertze mit zu den Mode-Spassen und Jedermans-Einfällen. Die kleinen Herrn wissen sich sonderlich derselben fleißig in den Umgange mit Frauenzimmer zu bedienen. In allen artigen Zusammenkünften nach der Mode, sind diese Läppereyen die gewöhnlichsten Belustigungen. Und man darf sich mit der Hofnung im geringsten nicht schmeicheln, daß diese Anzahl der Schertze mercklich werde verringert werden. Es verhält sich hier eben so wie in der Dichtkunst. Grosse Dichter mögen noch so sehr wider die Wortspiele, und andere Läppereyen in der Dichtkunst, eiffern, so finden sich doch immer schläfrige Köpfe genug, welche dem ohnerachtet die Musen durch Wortkrämereyen mißhandeln. So lange es noch Leute von pöbelhaften Geschmacke und frostigen Witze gibt, die doch gleichwohl spassen wollen, so lange werden auch die Wortschertze nicht aufhören. Ein matter und schläfriger Kopf hat ein viel zu grosses Vergnügen an solchen Wortspielen, als daß er sie für was elendes ansehen solte. Vor Armseligkeit seines Witzes, kan er nichts feiners und edlers schmecken, man würde ihm demnach alles Vergnügen dieser Art rauben, wenn man ihm untersagen wolte, mit blossen Worten zu spielen. Nein, ein leerer Kopf vergnügt sich selbst über diese seine Einfälle, er bewundert sich selbst, und er ist der Person völlig ähnlich die **Boileau** in folgenden Worten abschildert:

Un sot en ecrivant fait tout avec plaisir,
Il n'a point dans ses vers l'embarras de choisir,
Et toujours amoureux de ce qu'il vient d'ecrire,
Ravi d'etonnement en soi meme il s'admire.

Diese Unsinnigkeit im Schertzen ist manchmal nicht ohne alle Würckung, bey Leuten die etwas zu furchtsam und zärtlich zu seyn pflegen. Sie haben, ich weiß selbst nicht ob ich es so nennen soll, das Unglück einen Namen von ihren Vorfahren zu erben, der abgeschmackten Köpfen, einen unermeslichen Vorrath zu erbärmlichen Spassen, an die Hand gibt. Sie sind zu empfindlich ihr Erbgut ohne Veränderung zu behalten. Allein ist es wohl werth, einem Narren zu gefallen, die Genealogie zu verwirren? Daß diese letzte Anmerckung eine historische Wahrheit, zum Grunde habe, kan ich beweisen. Die Gemahlin des **Wilhelm Bautru**, Grafen von Serrant, der, unter andern, als ein aufgeweckter Kopf das XVII. Jahrhunderts, berühmt ist, wolte lieber Frau von **Nogent**, als von **Bautrou** heissen, weil sie sich nach der italienischen Aussprache dieses Namens, unzähligen Stichen, durch ein Wortspiel auf trou, ausgesetzt hatte.

§. 56.

Ich habe die fünfte Schönheit der Schertze §. 25. darin gesetzt, daß vor dem Schertze starcke Vorstellungen, von gantz anderer Art, müssen vorhergegangen seyn. Ich verstehe das nicht nur von dem schertzenden selbst, sondern auch von seinen Zuhörern. Der Schertzende und seine Zuhörer müssen, vor dem Spasse, einen sehr grossen Eindruck, von gantz andern Vorstellungen, gehabt haben, die mit dem Schertze, in so fern er ein Schertz ist, nichts gemein haben. Sie müssen ihre ganze Aufmercksamkeit, mit ganz andern Dingen beschäftiget haben, als daß sie den Schertz hätten vorhersehen sollen. Dadurch bekommt der Spaß ein Licht das in Verwunderung setzt. Der Schertz wird so neu und unerwartet seyn, daß man sagen kan, er könne sonst nicht recht neu seyn. Diese schleunige Veränderung der Scene in unsern Vorstellungen, macht eine so angenehme Verwandelung und Verwirrung, daß sie ohne Vergnügen und Bewunderung nicht geschehen kan. Der schertzende beweißt dadurch, wie leicht es ihm sey einen Schertz zu machen, und zeigt die Stärcke seines Witzes, die den Spaß selbst groß und feurig macht. Ich glaube, das sey der Grund, warum die Schertze, die ein Lehrer, mitten unter dem Vortrage der scharfsinnigsten Wahrheiten vorbringet, so angenehm sind; weil die Gemüther vorher mit viel zu ernsthaften Dingen beschäftiget gewesen, als daß sie hätten den Spaß vorhersehen können.

§. 57.

Wenn man sich auf etwas lange besinnen muß, so will man eine Vorstellung klar machen, vermittelst solcher Vorstellungen, die vieles mit ihr gemein haben, und die also mit ihr zu gleicher Art können gerechnet werden. Ein Schertz auf den man sich lange besint, muß demnach unglücklich gerathen. Er beweißt, daß unser Witz lange nicht diejenige Munterkeit besitzt, die erfodert wird, wenn ein feuriger Schertz, unmittelbar auf solche Vorstellungen folgen soll, die von gantz anderer Art sind. Nein, ein glücklicher Schertz muß die Frucht eines Witzes seyn, der so hurtig aufgeweckt, und schnell ist, daß er nicht genöthiget ist sich lange zu besinnen. Wer sich auf seine Schertze lange besinnen muß, wird sich sehr schwer, vor den Ausbruch seines Zauderns, und der Anstalten die sein Witz vorkehrt, hüten können. Dem Zuhörer wird die Zeit unterdessen lang werden. Komt endlich der Schertz zur Welt, so wird er entweder nicht neu genug seyn, oder die Hofnung des Zuhörers betrogen haben. Einem langsamen Witze geräth sehr selten ein Schertz. Der Schertz der glücklich seyn soll, muß so schleunig in der Seele des schertzenden klar werden, daß er selbst dadurch in eine Art der Verwunderung gesetzt wird. Diese Verwunderung wird dem schertzenden eine Lebhaftigkeit, und Dreistigkeit geben, ohne welche der Vortrag des Schertzes elend werden muß.

§. 58.

Wer glücklich im Schertzen seyn will, der hüte sich seine Spasse nicht vorher auszudencken. Wer den Spaß vorher erdenckt, und sich auf denselben vorbereitet, der geht so lange damit schwanger, bis er ihn vorgetragen hat. Die gantze Reihe der Vorstellungen, von der Zeit an, da er den Schertz erdacht, bis auf den Zeitpunct da er vorgetragen werden soll, ist entweder mit dem Schertze ausgefüllt, oder doch mit sehr ähnlichen Vorstellungen. Es ist demnach nothwendig daß der Spaß mißlingen muß. §. 57. **Cicero** merckt diesen Fehler auch an, er sagt **im andern Buche vom Redner**: quia meditata videntur minus ridentur. **Quintilian im sechsten Buche**, fodert gleichfals, daß man sich auf den Schertz nicht vorbereiten müsse. Er sagt: ne praeparatum & domo allatum videatur, quod dicimus. Wer sich auf den Schertz vorbereitet, kan unmöglich die anständige Dreistigkeit behalten, die zum Vortrage eines Schertzes nothwendig ist. Man wirds ihm an den Augen ansehen, daß er einen Spaß auf den Hertzen hat, den er gern an Mann bringen möchte. Er wird mit einer ängstlichen Sehnsucht, die er nicht verbergen kan, die Zeit erwarten, da er seinen Schertz vortragen will. Kan also der Schertz wohl neu genug seyn, in Absicht auf den schertzenden und den Zuhörer? Und das ist doch ein so nöthiges Stück zu einem feurigen Schertze. Uberdem, kan ja derjenige der sich auf einen Schertz vorbereitet, nicht jederzeit vorhersehen, ob er sich zu den Umständen, in welchen er sich befinden wird, genau schicken wird. Es ist also sehr wahrscheinlich, daß ein vorbereiteter Schertz zur Unzeit angebracht wird, und das werde ich als einen grossen Fehler im folgenden vorstellen.

§. 59.

Soll man sich auf einen Schertz gar nicht vorbereiten, so muß man auch die Umstände nicht mit Fleiß so einrichten, damit man den Spaß anbringen könne. Die Gelegenheit zu schertzen, muß sich selbst darbiethen, und wir müssen nichts weiter thun als sie ergreiffen. Es verrathen also alle diejenigen die Mattigkeit ihres Witzes, welche, wenn sie einen Vortrag thun sollen, oder in eine Gesellschaft sich begeben, ihre Rolle, in so fern sie die schertzhafte Person seyn wollen, vorher auswendig lernen. Sind sie nun überdies zu ungeduldig, die Zeit zu erwarten in welcher sie ihren Spaß anbringen können und bereiten sie sich selbst die Gelegenheit zu ihrem Schertze, so wird dieser Fehler noch mercklicher, und ihr Schertz wird matt und frostig seyn. Ich leugne nicht daß es nicht manchmal solte möglich seyn zu verhindern, daß der Zuhörer die Vorbereitung zum Spasse mercke. Ich sage nur, daß dieses sehr schwer sey, und in den mehresten Fällen mislingen müsse. Der Spaß behält überdies doch einen Fehler, der nur von andern darin verschieden ist, daß er bisweilen nicht gesehen wird.

§. 60.

Aus dem was ich bisher gesagt erhellet, warum die Schertze die man in den Antworten auf vorgelegte Fragen vorträgt so sehr gefallen. Weil wir nicht haben vorher sehen können, was uns ein anderer fragen werde, so ist nicht die geringste Vermuthung vorhanden, daß wir unsern Schertz vorher ausgedacht haben. Ein solcher Schertz, wenn er sonst nicht zu frostig ist, muß also feuriger seyn, als alle diejenigen, die man ohne gefragt zu werden vorträgt, weil wir in den wenigsten Fällen den Verdacht der Vorbereitung von uns ablehnen können. **Cicero** hat eben diese Schönheit angemerckt, er setzt, an oft gedachten Orte, den Grund hinzu: nam & ingenii celeritas maior est quae apparet in respondendo, & humanitatis est responsio.

§. 61.

Die sechste Schönheit der Schertze §. 25. entsteht daher, wenn er von vielen Vorstellungen anderer Art, die in den Gemüthern einen grossen Eindruck haben, begleitet wird. Man verstehe dieses nicht nur von den schertzenden selbst, sondern auch von seinen Zuhörern. Jener muß seinen Kopf sonst voller Gedancken haben, die bey nahe seine gantze Aufmercksamkeit beschäftigen, und die mit dem Schertze nichts, oder doch sehr wenig gemein haben. Er muß mitten unter diesen Vorstellungen seinen Schertz erdencken. Die Zuhörer müssen in gleichen Umständen ihres Gemüths stehen. Die Seele der Zuhörer muß einer Schaubühne gleich seyn, und der Schertz einer Zwischenfabel in einen theatralischen Stücke. Bey so gestalten Sachen, ist es sehr wahrscheinlich, daß kein anderer den schertzhaften Einfall haben wird, den der schertzende hat. Der Schertz wird also vollkommen neu, und unerwartet seyn. Er wird eine Lebhaftigkeit besitzen, die ihm unter ähnlichen Gedancken fehlen würde, und die Verschiedenheit der übrigen Gedancken wird seinen Glantz um ein merckliches erhöhen. Diese Schönheit wird noch mehr erhalten, wenn man schertzt zu der Zeit, da wir und unsere Zuhörer mit vielen andern Gedancken beschäftiget sind, die den schertzhaften Gedancken entgegen gesetzt sind. Opposita iuxta se posita magis elucescunt, ist eine viel zu bekannte Regel, als daß ich den vorhergehenden Gedancken zu beweisen für nöthig halte.

§. 62.

Ein feuriger Schertz muß demnach gantz unvermuthet und unerwartet seyn. Es muß weder in unsern vorhergehenden Gedancken §. 56. noch in denjenigen, die wir zu gleicher Zeit haben, eine merckliche Vermuthung des Schertzes vorhanden seyn. Eine Sache die wir vermuthen und erwarten, sehen wir vorher; wird sie würcklich, so kan sie unmöglich gantz neu seyn. Ein erwarteter Schertz kan demnach unmöglich so feurig seyn, als ein unerwarteter, weil jener nicht so neu ist als dieser. Wenn man gantz unerwartete Schertze vorträgt, so überfällt man den Zuhörer, man läßt ihm nicht viel Zeit nachzudenken, und es muß ihm ein Schertz gefallen, der sonst nicht eben zu viel Feur besitzt. Man kan sagen, daß das unerwartete in einem Schertze, ein Mittel sey, viele andere Fehler des Schertzes zu verbergen. Wenn der Zuhörer unsern Schertz erwartet, so macht er eine Zurüstung die uns gefährlich ist. Er samlet die gantze Macht seiner Beurtheilungskraft, und er hat ein Recht was ausnehmendes zu erwarten. Er stellt sich schon zum voraus manches artige von unsern Schertze vor. Und da müssen wir ihm entweder einen ausnehmend feurigen Schertz vortragen, oder wir betrügen seine Hofnung, und er verwandelt sein Vergnügen, so er uns zugedacht, in eine Verachtung und hönisches Lachen. Man hüte sich also andern auf unsere Schertze Hofnung zu machen. Wir können sonst nicht verhüten daß unsere Zuhörer dencken

Quid dignum tanto feret hic promissor hiatu?
Parturient montes, nascetur ridiculus mus.
Hor. art. poet.

Es gilt hier eine Art eines gewissen Betrugs. Man hintergehe seine Zuhörer. Man mache ihnen zu gantz andern Dingen Hofnung, und ehe sie sichs versehen betrüge man sie. Man sage ihnen das nicht worauf sie gewartet, sondern vielmehr den Schertz, den sie nicht erwartet. **Cicero** steht in den Gedancken, als wenn das Vergnügen, so aus einem solchen Betruge bey dem Zuhörer entsteht, daher rühre, weil uns unser eigener Irrthum belustiget. Ich bin gantz anderer Meinung. Ein Irthum bleibt eine Unvollkommenheit, die uns nicht belustigen kan, in so fern sie ein Irthum ist. Der Irthum macht nur, daß uns der Spaß gantz unerwartet und unvermuthet vorgetragen wird, und das ists was uns bey demselben gefält.

§. 63.

Wer also im Schertzen glücklich seyn will, muß sichs durchaus vorher nicht mercken lassen, daß er spassen will. Ich rede nicht von einem Fehler, den man ohnedem selten antrift. Ich meine, wenn es jemand vorher sagen wolte, daß er schertzen wolte. Wer seinen Schertz mit ausdrücklichen Worten ankündiget, kan nicht schertzen, und begeht einen abgeschmackten Fehler. Sondern ich bemercke hier einen Fehler der häufiger ist. Man kan es manchem spaßhaften Kopfe schon zum voraus ansehen, daß er spassen will. Er gewöhnt sich gewisse Gesichtszüge an, die jederzeit vor seinem Schertze vorhergehen. Er kan nicht eher spassen, ehe er nicht sein Gesicht in gewisse dazu ausgesuchte Falten gelegt hat. Sie mögen beschaffen seyn wie sie wollen, so wird der Schertz dadurch verdorben, wenn der Zuhörer daher den Schertz prophezeyen kan. Ich rechne dahin den Fehler, wenn ein schertzhafter Kopf sich erst vorher selbst satt lacht, ehe er andere zu lachen machen will. Ein solcher Mensch verdirbt seinen gantzen Spaß, wenn er die Früchte desselben selbst vorher einerntet, und die Zuhörer haben keine Ursach seinen Spaß zu belohnen, weil er sich die Bezahlung für seine Mühe selbst genommen hat. Vorher muß niemand lachen. Ob man aber bey dem Schertze, oder nachher, auch lachen dürffe, will ich unten beurtheilen. Genug, daß ich erwiesen habe, ein schertzhafter Kopf müsse sichs vorher durch nichts, was es auch sey, mercken lassen, daß er schertzen wolle.

§. 64.

Aus dem vorhergehenden ist klar, daß die Schertze, wenn sonst das übrige seine Richtigkeit hat, gerathen müssen, welche Zuhörern vorgetragen werden, die mit vielen ernsthaften Gedancken beschäftiget sind. Das ernsthafte ist ja dem schertzhaften entgegen gesetzt, und ein schertzhafter Kopf der diese Gelegenheit ergreift, folgt der Regel des **Horatz**

Misce stultitiam consiliis breuem.
Carm. L. III. od. XII.

und bringt seinen Spaß mitten unter Vorstellungen vor, die von gantz verschiedener Art sind. Geht seine Geschicklichkeit noch weiter, und kan er mitten unter betrübten und traurigen Gedancken schertzen, so erhält sein Spaß noch eine grössere Schönheit von dieser Seite. Die Verminderung der Traurigkeit ist immer was angenehmes, und die Lust die eine Betrübniß verdrengt, oder mindert, ist durchdringender. Ein Schertz der dergestalt vorgetragen wird daß er

- - - - amara laeto
temperet risu - -
Hor. Carm. L. II. od. XVI.

muß viel angenehmer seyn, als ein anderer, wenn er anders nicht aus einem leichtsinnigen und fladderhaften Gemüth entsprungen. Ein Mensch der alsdenn schertzen kan, wenn ihm ein Glied abgelößt wird, muß gewiß einen sehr lebhaften und starcken Witz besitzen. Das, deucht mich, ist der Grund, warum diejenigen Köpfe, die in ihrer Todes

Stunde noch gespaßt haben, als witzige Köpfe bewundert werden. **Socrates**, **Adrian** der Kayser, **Margaretha von Oesterreich**, und andere, geben hier, wenn man den Erzählungen von ihnen glaubt, Exempel an die Hand.

§. 65.

Wenn ernsthafte Gedancken in der Seele die Oberhand haben, so muß das Gesicht natürlicher Weise ernsthafte Züge behalten. Herrschen aber die schertzhaften Gedancken, so muß man sich mit Gewalt zwingen, das Lachen zu verbeissen. Ein Mensch, der bey dem Vortrage seines Schertzes, gar keine Ernsthaftigkeit behält, beweißt also, daß der Schertz in seiner Seele herrsche. Folglich hat er nicht diejenige Vollkommenheit seines Witzes, vermöge welcher er, mitten unter starcken Gedancken von anderer Art, schertzen kan, und er macht dadurch seinen Schertz matter. Wer recht glücklich schertzen will, bey dem muß mitten im schertzen die Ernsthaftigkeit in der Seele, und in dem Gesichte, die Oberhand behalten. Ich sage nicht daß er finstere und saure Minen machen soll, das ist ein Fehler von dem ich unten reden werde. Die Ernsthaftigkeit muß nur stärcker bleiben, als das Gegentheil. Man muß von ihm sagen können

Incolumi grauitate iocum tentauit.
Hor. art. poet.

Kurtz, derjenige der schertzt, muß im Schertzen bey nahe ein **Crassus** seyn, qui cum omnium esset venustissimus & vrbanissimus, omnium grauissimus & seuerissimus & erat & videbatur, nach dem Zeugniß des **Cicero im andern Buch vom Redner**.

§. 66.

Hieraus läßt sich ein Fehler beurtheilen, den man bey manchen spaßhaften Köpfen antrift. Ihr scharfsinniger Witz ist den Körpern ähnlich, die nicht eher in Bewegung gerathen, bis sie von andern angestossen worden. Ihr Witz schläft so lange, bis ein anderer anfängt zu schertzen, und alsdenn werden sie auch rege. Sie leiten aus einem Schertze, den sie gehört, andere her. Und man kan sagen, daß ein feuriger Witz viele andere erwärmen und erhitzen könne. Man darf sich nicht wundern, daß demjenigen, der den herrschenden Witz in solchen Fällen hat, seine Schertze gelingen, denn er bringt sie mitten unter verschiedenen Gedancken vor. Seine Affen aber haben das Glück nicht. Sie tragen ihre Schertze alsdenn erst vor, wenn die Gesellschaft schon aufgeräumt worden, und sie kommen mit ihren Einfällen zu spät. Ein anderer hat schon die besten Früchte eines Schertzes genossen, und ihnen bleibt nur die Nachlese übrig, die bisweilen mager genug ist. Dahin können auch die Schertze gerechnet werden, die in den stillen Gesellschaften vorgetragen werden. Es scheint, daß manche Zusammenkünfte nur gehalten werden, um einander anzusehen, und von Gedancken auszuruhen. Eine solche Gesellschaft von Seulen, kan sehr leicht durch den frostigsten Einfall ergötzt werden. Sie dencken wenig oder nichts, und eine Kleinigkeit kan ihre gantze Seele einnehmen. Ein Schertz aber, der alsdenn belacht wird, ist auf dieser Seite sehr mat. Der schertzende und die Zuhörer dencken ausser dem Schertze weiter nichts, und also mangelt ihm die Schönheit die ich bisher ausgeführt habe.

§. 67.

Ich komme nunmehr auf die siebende Vollkommenheit der Schertze §. 25. Ein feuriger Schertz muß eine sehr grosse und vollkommene sinliche Vorstellung seyn. Oder, er muß alle Vollkommenheiten einer sinlichen Vorstellung, in einem mercklichen Grade, besitzen. Ich bin nicht willens, alle einzelne Vollkommenheiten eines sinlichen Gedanckens durchzugehen. Das würde für meine jetzige Absicht zu weitläuftig seyn. Ich will mich begnügen, die vornehmsten, und wenn ich so reden soll die Grund-Vollkommenheiten der sinnlichen Erkenntniß durchzugehen. Die übrigen sind entweder in diesen schon mit begriffen, oder können doch mit leichter Mühe daraus hergeleitet werden. Zu diesen Hauptvollkommenheiten rechne ich, die Klarheit, die Wahrheit, und das Leben. Ich könnte auch die Gewißheit noch hinzuthun. Allein da sie der Inbegriff der Klarheit und der Wahrheit ist, so übergehe ich sie ohne Schaden. Kurtz, ein feuriger Schertz muß in hohem Grade klar, richtig, und lebendig seyn.

§. 68.

Die Klarheit einer sinlichen Vorstellung wird entweder vermehrt durch die geringere Dunckelheit ihrer Theile, oder durch die Menge der Theile und Merckmaale, die in ihr enthalten sind. Beyde Vollkommenheiten müssen bey einem feurigen Schertze verbunden werden. Die letzte wird insonderheit die Lebhaftigkeit genennt. Ein feuriger Schertz muß uns sehr vieles auf einmal vorstellen. Er muß unserm Auge die Aussicht in ein Feld eröfnen, dessen Ende es vor Menge der Gegenstände nicht gewahr werden kan. Wir müssen durch den Schertz von einem Chaos der Begriffe überhäuft werden dessen Entwickelung wir entweder vorzunehmen nicht Zeit haben, oder in der Geschwindigkeit nicht anzufangen wissen. Eine jede dieser Vorstellungen muß zwar nicht völlig klar, aber auch nicht vollkommen dunckel seyn. Ich habe nicht nöthig zu zeigen, wie diese Schönheit der Schertze könne hervorgebracht werden. Das ist nicht nur von meinem jetzigen Zweck entfernet, sondern ich glaube auch, daß es nicht eben nöthig sey. Wer nur die Schönheiten der Schertze, die ich bisher abgehandelt habe, zu erhalten sucht, sonderlich die erste bis zur vierten, der wird in seinem Schertze eine unendliche Mannigfaltigkeit hervorbringen. Weiß er sie nun dem Zuhörer dergestalt vorzustellen, daß dieser sie gewahr wird, so bekommt sein Schertz die nöthige Lebhaftigkeit.

§. 69.

Die Lebhaftigkeit eines Schertzes muß vermindert werden, oder wohl gar verlohren gehen, wenn er zu weitläuftig und zu lang ist. Die Kürtze desselben ist mit seiner Lebhaftigkeit nothwendig verbunden. Wenn der Schertz zu lang ist, so wird er entwickelt und deutlich, er bleibt also keine sinliche Vorstellung mehr. Die Theile des Schertzes werden der Aufmercksamkeit nach und nach vorgestellt, und man hat Zeit ein Stück nach dem andern zu überdencken. Folglich empfinden wir nicht dasjenige Licht, und die angenehme Verwirrung, welche durch nichts anders möglich ist, als wenn man auf einmal mit Begriffen überhäuft wird. Es verhält sich wie mit den Lichtstrahlen. So lange dieselben zerstreut bleiben, bringen sie zwar ein Licht hervor, welches aber lange nicht so starck und durchdringend ist, als wenn sie durch einen Brenspiegel gesamlet, und in einen Punct gedrengt werden. Folglich muß ein Schertz zwar sehr vieles in sich fassen, aber dasselbe nicht durch eine weitläuftige Vorstellung zerstreuen, sondern mit einemmal dem Gemüth vorstellen. Man kan auch mit wenig Worten sehr viel sagen. Wenige Vorstellungen sind oft ein Inbegriff unendlich vieler andern. Bey einem Schertze muß ungleich mehr gedacht als gesagt werden. Man muß dem Zuhörer nur Gelegenheit geben, und dabey zwingen selbst nachzudencken.

Est breuitate opus, vt currat sententia, neu se
Impediat verbis lassas onerantibus aures.
Hor. Satt. L. I. Sat. X.

§. 70.

Wenn man die nöthige Klarheit und Kürtze in einem Spasse zu gleicher Zeit erhalten will, so muß er sich zu den Umständen, in welchen wir uns eben befinden, vollkommen schicken. Zu diesen Umständen rechne ich die Personen mit denen wir umgehen nebst allen ihren Umständen, die Zeit, den Ort, die Reden und Erzählungen, mit denen die Gesellschaft unterhalten wird. Mit einem Wort, den gantzen Zustand in welchen wir uns mit unsern Zuhörern befinden. Alle diese Umstände müssen die Vignette seyn, und unser Schertz die Devise. Diese Umstände müssen also den völligen Grund, die Veranlassung, und die ganze Erklärung unseres Scherzes enthalten. Dadurch erhalten wir die Klarheit unseres Schertzes. Ein jeder versteht ihn, und unser Schertz kommt so zu gelegener Zeit, und er paßt sich so genau, daß wir nicht nur beweisen, daß wir den Schertz erst selbst erfunden, sondern wir brauchen auch sehr wenig zu sagen, und wir werden doch verstanden. Ueberdies so entsteht aus dieser Eigenschaft des Schertzes ein Vergnügen, weil diese Uebereinstimmung mit allen Umständen eine Vollkommenheit ist, die den Schertz angenehm machen muß.

Dulce est desipere in loco.
Hor. Carm. L. III. od. XII.

Die schönsten Schertze in dieser Art sind ohnfehlbar diejenigen, welche sich so genau zu den Umständen schicken, daß sie in keinem andern Zustande unverändert können angebracht werden. Denn, da in der Welt nicht zwey Zeiten möglich sind die völlig einerley wären, so ist es ein Beweiß, daß ein Schertz nicht den höchsten Grad dieser Vollkommenheit besitzt, oder daß er nicht allen Umständen völlig gemäß ist, wenn er mehr als einmal angebracht werden kan. Ein vollkommen glücklicher Spaß kan also nur ein einziges mal angebracht werden, wenn er gar nichts von seinem Feuer verliehren soll. Durch diese Eigenschaft erhält man auch die Lebhaftigkeit eines Schertzes noch auf eine andere Art. Wenn der Schertz so genau mit allen Umständen übereinstimmt, so muß der so den Spaß einsieht, den ganzen Umfang seines Zustandes sich auf einmal vorstellen. Wie viel, ja unendlich viel, enthält nicht unser Zustand in einem jeden Augenblicke? Muß also der Schertz dadurch nicht eine unendliche Mannigfaltigkeit erhalten? Wider diese Regel versündigen sich alle spaßhafte Köpfe, die zu phlegmatisch sind, auf eine lächerliche Art. Sie haben das Unglück, von einer gewissen Langsamkeit beherrscht zu werden, vermöge welcher sie zur Auswickelung ihrer Gedancken zu viel Zeit brauchen. Der Fluß ihrer Umstände ist für sie zu schnell, sie können der Geschwindigkeit desselben in ihren Gedancken nicht folgen, und sie sind gezwungen sich bey manchen Umständen zu verweilen, die alsdann längst vorbey sind, wenn sie sie erst recht gewahr werden. Diese Köpfe kommen mit ihren spaßhaften Einfällen immer zu spät. Die Gesellschaft hat das schon wieder vergessen, worauf sie ihren Schertz gründen, und sie machen sich lächerlich, wenn sie die Gesellschaft nöthigen wollen, ihnen zu gefallen sich wieder auf das vorhergehende zu besinnen. Wem erst nachher ein Schertz einfält, wenn die Gelegenheit vergangen ist, der unterdrücke ihn ja, wenn er anders nicht die Trägheit seines Witzes auf eine lächerliche Art verrathen will.

§. 71.

Ein Schertz verliehrt nothwendig seine Schönheit wenn er deutlich ist, und in so fern er deutlich ist. Ein jeder deutlicher Begriff führt eine Ueberlegung mit sich, durch welche man sich den gantzen Begriff, nicht auf einmal, sondern Stückweise, und nach und nach, vorstelt. Ein deutlicher Schertz verliehrt die Lebhaftigkeit, die ihn so schön macht. Man kan das von allen Schönheiten sagen. So bald wir einen deutlichen Begriff von einer Schönheit erlangen, so bald verschwindet das schöne, als welches nur in der Verwirrung des Begriffs liegt. Man lasse einen Meßkünstler das schönste Gesicht ausmessen, und die Proportionen aller Theile und Züge desselben in Zahlen ausdrucken, man lasse ihn die Lage aller Theile und Züge nach geometrischen Gründen bestimmen. Ich glaube nicht, daß sich jemand in ein solches abgeschriebenes Gesicht verlieben würde. Man lasse aber eben dieses Gesicht von einem Mahler abmahlen, so wird es in seinem völligen Glantze erscheinen. Soll also ein Schertz eine schöne sinliche Vorstellung bleiben, so muß er nicht durch den Verstand betrachtet werden, so lange er diese seine Schönheit behalten soll. Ein Schertz muß nothwendig frostig werden, den der schertzende mit einem weitläuftigen Commentarius begleitet. Das muß man den Zuhörer selbst überlassen, der mag den Schertz in seinem Gemüth so weitläuftig zergliedern, wie er es selbst für gut befindet. Es ist auch eine Art der Unverschämtheit, die ein spaßhafter Kopf gegen seine Zuhörer blicken läßt, wenn er ihnen seinen Schertz erklärt. Er gibt zu verstehen, daß er ihnen nicht Einsicht genug zutraue, die Stärcke seines Schertzes zu begreifen. Es ist eine sehr beschwerliche Mode mancher schertzhaften

Köpfe, daß sie so gefällig sind, und ihrem Zuhörer die Mühe des Nachdenckens überheben wollen. Es schmeckt dieß Verhalten zu sehr nach Eigenliebe, und Einbildung, als daß es gefallen solte. Ein Schertz der einen Commentarius nöthig hat, oder gleich damit versehen wird, ist in beyden Fällen frostig. Noch viel abgeschmackter ist ein anderer Fehler, den ich nur beyläufig berühre. Es sind manche, die selbst zu schertzen ungeschickt sind, so gefällig gegen die Gesellschaft, daß sie die Schertze, die andere in derselben vortragen, mit Noten erläutern. Man könnte diese Leute die Scholiasten spaßhafter Köpfe nennen. Sie begehen einen doppelten Fehler. Sie beweisen sich nicht nur unbescheiden gegen die Gesellschaft, indem sie in der Meinung zu stehen den Schein geben, daß sie allein die Stärcke des Schertzes begriffen, sondern sie machen auch die Schertze eines andern, so viel an ihnen ist, frostig.

§. 72.

Ein Schertz der lebhaft seyn soll muß in einem hohen Grade klar seyn. Wenn er demnach dunckel ist, und gar nicht eingesehen wird, so hört er auf, ein Schertz zu seyn. Man kan also sagen, daß ein Schertz in so fern er dunckel ist, gar kein Schertz sey. Es ist ein Fehler eines Schertzes wenn er dunckel ist, und ohne Noten und Commentarius nicht verstanden werden kan. Ich sage nicht, daß ein Schertz von allen Leuten müsse verstanden werden, denn so müste er gewiß sehr frostig und abgeschmackt seyn, weil dieser allgemeine Begriff das Unglück hat, sehr abgeschmackte Köpfe unter sich zu begreiffen. Sondern ich behaupte, daß ein feuriger Schertz keinem witzigen Kopfe, der die Umstände weiß, in welchen er vorgetragen worden, dunckel seyn müsse. Es können dahin alle die Schertze gerechnet werden, die gar zu weit hergeholt sind, die gar zu sehr erzwungen werden, und bey denen man gar zu viel nachdencken muß, ehe man sie einsehen kan. Dieser Fehler hat mannigfaltige Ursachen. Wenn ein schertzhafter Kopf seine Schertze nicht nach der Gelegenheit einrichtet; wenn in den Umständen gar keiner, oder doch ein sehr unmercklicher, Grund zum Schertze vorhanden ist; wenn die Gedancken bey dem Schertze, aus welchen die übrigen leicht fliessen, verschwiegen werden, und diejenigen vorgetragen werden, aus welchen sehr schwer das übrige erkannt werden kan; wenn die Vergleichungsstücke sehr klein und unmercklich sind u. s. w. so wird er ausser dem Gesichtskreyse der allermehresten Zuhörer angetroffen werden. Ein glücklicher Schertz muß ungezwungen seyn, leicht eingesehen werden können, und das schertzhafte dergestalt entdecken, daß man dem Zuhörer, als der sich gerne belustigen will, nicht die Mühe macht, den Kopf zu sehr zu zerbrechen. Es sind manche Köpfe, die mitten in Gesellschaften doch allein sind. Sie haben ihre eigenen Reihen der Vorstellungen, und wenn ihnen alsdenn was schertzhaftes einfält, so tragen sie es ohne Bedencken vor, und wundern sich, wenn andere nicht mitlachen. Sie solten erst die Gütigkeit haben, und ihre vorhergehenden Vorstellungen vortragen, oder die Gefälligkeit gegen die Gesellschaft beweisen, und mit Leib und Seel unter ihr gegenwärtig seyn.

§. 73.

Die Wahrheit eines Schertzes ist eine so nothwendige Eigenschaft desselben, daß man sagen kan, ein falscher Schertz sey gar kein Schertz. Ein Schertz, der in einem gantz unrichtigen und falschen Gedancken besteht, kan zwar so lange einen Schein und Glantz haben, so lange wir in Irrthum stecken. Allein sein Feuer gleicht dem Feuer eines Irlichts. So lange man dasselbe von ferne sieht, hält man es für ein Feuer dem Scheine nach, betrachtet man es aber in der Nähe, so werden wir den Betrug gewahr. Man kan also sagen, daß ein Schertz, der in einem falschen Gedancken besteht, kein dauerhaftes Feuer habe. Sein Feuer verschwindet, so bald wir unsern Irthum gewahr werden. Ein falscher Gedancke ist ja eigentlich kein Gedancke, er ist ein Blendwerck, ein Hirngespinst, das man nicht zu genau und zu nahe betrachten muß, wenn man es lange besitzen will. Könnte also wol ein Schertz in der That ein Schertz, oder wol gar ein feuriger Schertz seyn, der in einem falschen Gedancken besteht? Nichts weniger als das, er ist ein Scheinschertz, der keinen Grund keine Dauer bey der Probe behalten kan. Ich sage also, daß ein feuriger Schertz in einem wahren und richtigen Gedancken bestehen müsse. Da nun der Gedancke, der den Schertz unmittelbar und zunächst ausmacht, die Vorstellung der Uebereinstimmung verschiedener Dinge ist, so wird zur Wahrheit des Schertzes nicht nur erfodert, daß die Dinge, die wir uns als verschieden vorstellen, in der That diese Verschiedenheit haben, sondern, daß sie auch in den Stücken mit einander übereinkommen, nach welchen wir sie vergleichen. Ein Schertz muß also im Grunde frostig seyn, wenn er uns Dinge als verschieden vorstellt, in so ferne sie entweder gar nicht, oder doch nicht so wie wir sie uns vorstellen verschieden sind; und wenn er uns Dinge als übereinstimmig vorstelt, in so ferne sie entweder gar nicht, oder doch nicht so wie wir sie uns vorstellen, übereinkommen. Kurtz, ein feuriger Schertz muß uns solche Uebereinstimmungen und Verschiedenheiten vorstellen, die den Dingen würcklich zukommen.

§. 74.

Meine Meinung von der Wahrheit der Schertze, die ich in dem vorhergehenden Absatze vorgetragen, widerspricht den Kunstrichtern nicht, welche den Unwahrheiten in den Schertzen einen Platz verstatten. **Cicero** gehört dahin, welcher **im andern Buch vom Redner** sagt: Perspicitis hoc genus quam sit facetum, quam elegans, quam oratorium, siue habeas vere quod narrare possis, quod tamen est mendaciunculis aspergendum, siue fingas. Diese Kunstrichter betrachten den Schertz auf eine gantz andere Art. Wenn man von Schertzen redet, so versteht man entweder die Dinge die man vergleicht, worüber man schertzet, und von denen man den Schertz entlehnt; oder man versteht den Gedancken selbst in welchen das schertzhafte besteht, die Vergleichung verschiedener Dinge. In der letzten Absicht muß, meines Erachtens, kein unrichtiger Gedancke, und wenn er auch ein mendaciunculum wäre, in dem Schertze vorkommen. In der ersten Absicht muß man anders urtheilen. Da können also die Dinge womit man schertzet, auch wahr seyn, oder sie sind falsch und erdichtet. Wenn diese Dinge auch wahr sind, so ist der Schertz durch und durch wahr, und enthält nicht den geringsten unrichtigen Gedancken, und diese Wahrheit nennet man die unbedingte Wahrheit eines Schertzes.

§. 75.

Die bedingte Wahrheit eines Schertzes besteht darin, wenn die Dinge, womit man schertzet, falsch, erdichtet und unrichtig sind, wenn aber dem ohnerachtet der Schertz die §. 73. erfoderte Wahrheit hat. Der schertzende und seine Zuhörer, können entweder durch einen Irrthum diese Dinge auch für wahr halten, oder sie könnens wissen, daß sie falsch sind, und diese Dinge erdichten. Zu jenen gehören die Schertze welche die Heyden von ihren Gottheiten und andern Fabeln entlehnt haben. Dahin man den berühmten Spaß mit der **Diana** rechnen kan, den man bey den alten antrift. In der Nacht, da der Tempel der **Diane** zu **Ephesus** verbrante, wurde **Alexander der grosse** gebohren. Man fragte warum **Diane** ihren Tempel nicht gerettet, und man bekam zur Antwort, weil sie nicht zu Hause gewesen, sondern der **Olympias** bey der Geburt beystehen müssen. Diese Schertze die eine bedingte Wahrheit haben, kan man durchaus nicht verwerffen, man müste denn allen Fabeln und Erdichtungen alle Schönheiten absprechen. Nein, wenn ein solcher Schertz nur die §. 73. angeführte Wahrheit hat, so kan er überaus feurig seyn. Nur müssen dabey die Regeln einer guten Fabel und Erdichtung beobachtet werden. Ein Schertz, der eine bedingte Wahrheit hat, muß den Regeln völlig gemäß seyn, die man in der Dichtkunst von der Wahrscheinlichkeit der Fabeln gibt. Ich habe demnach nicht nöthig Regeln davon zu geben. Man beobachte nur die Vorschrift des **Horatz**:

Ficta voluptatis causa sint proxima veris.
Art. poet.

§. 76.

Meinem Urtheil nach, gebe ich doch einem Schertze der unbedingt wahr ist, den Vorzug vor denjenigen, die nur unter gewissen Bedingungen wahr sind. Ich habe darzu verschiedene Ursachen. Eine jede Unwahrheit ist doch ein unvollkommener Gedancke als eine Wahrheit. Ein Schertz mag so feurig seyn wie er will, wenn er nur unter Bedingungen wahr ist, so hat er keine wahren und richtigen Gründe, worauf er beruht. Ueberdem so scheint mir der Witz nicht so starck zu seyn, der sich den Stoff zu spassen erdichtet. Er kan nach seinem Gefallen dichten, weglassen, und hinzuthun was ihm gefält, folglich ist es kein Wunder, daß ihm sein Schertz gelingen muß. Es scheint überdies, als wenn ein solcher spaßhafter Kopf seinen Schertz vorher ausdenckt, und alsdenn erst die Materialien dazu erfindet. Er scheint einem Menschen ähnlich zu seyn, der seinen Vortrag erst ausarbeitet, und hernach den Text dazu aussucht. Gantz anders verhält sichs im entgegen gesetzten Falle. Unser Witz ist alsdenn schlechterdings an die Sachen gebunden, er muß in der Geschwindigkeit sich so zu biegen wissen, daß er auf die Dinge paßt, denn es wird nichts seinem Willkühr überlassen. Ich gebe gerne zu, daß ein Schertz der eine bedingte Wahrheit hat, bisweilen unendlich feuriger seyn kan, als ein anderer, sonderlich wenn der schertzende die Dinge nicht selbst erdichtet, sondern schon längst bekannte Fabeln braucht. In diesem letzten Falle, gibt er einem schlechterdings richtigen Schertze sehr wenig nach. Ich sage nur, wenn zwey Schertze sonst vollkommen gleich sind, und der eine ist unbedingt wahr, der andere aber nur unter gewissen Bedingungen, so ist der erste feuriger als der andere. Ein Witz, der in dem Reiche der

Wahrheiten keinen Stoff zum Schertze finden kan, scheint mir nicht durchdringend und scharfsichtig genug zu seyn, als zu einem recht feurigen Witze nöthig ist.

§. 77.

Das Leben der Erkenntniß besteht in dem Vergnügen oder Verdrusse, so damit verbunden ist. Soll also ein Schertz lebendig genug seyn, so muß er entweder Vergnügen, oder Verdruß bey den Zuhörern erwecken. Das letzte wolte ich eben nicht sagen. Ich will balde erweisen, daß das Lachen über einen feurigen Schertz aus Vergnügen entstehen müsse. Ich gebe zu, daß die Personen über die man schertzt verdrieslich werden können, wenn sie lächerlich gemacht werden. Es kan auch seyn, daß durch unsern Schertz, mittelbar ein Verdruß verursacht wird, wenn wir zu dem Ende etwas durch unsern Schertz lächerlich gemacht haben, damit es unsere Zuhörer verabscheuen sollen. Dem sey wie ihm wolle, so nehme ich an, daß das Lachen, welches wir zunächst durch unsern Schertz hervorzubringen suchen, mit Vergnügen verbunden seyn müsse.

Non satis est pulcra esse poemata: dulcia sunto
Et quocunque volent, animum auditoris agunto.
Hor. art. poet.

Ich sage eben das von einem feurigen Schertze. Erweckt er in unsern Zuhörern Vergnügen und Lust, so hören sie uns gerne zu, wir machen sie uns geneigt, und sie sind uns Danck schuldig, daß wir ihnen so was vergnügtes vorgesagt haben. Je mehr Vergnügen ein Schertz also verursacht, je mehr angenehme Gemüthsbewegungen dadurch erregt werden, desto feuriger ist er.

§. 78.

Das Vergnügen entsteht aus der anschauenden Erkenntniß einer Vollkommenheit. Das Vergnügen, so durch einen Schertz verursacht wird, entsteht demnach entweder aus dem Gefühl seiner formellen Schönheit, oder seiner Materiellen. Von dem ersten rede ich jetzo, und das scheint eine natürliche Frucht und Würckung eines feurigen Schertzes zu seyn. Wenn ein Schertz einen hohen Grad der Schönheit besitzt, wenn wir denselben dergestalt vortragen, daß der Zuhörer die gantze Schönheit des Schertzes begreift und fühlt, so muß er ihm gefallen und ein Vergnügen in ihm verursachen. Ein Schertz der kein Vergnügen verursacht, muß entweder nicht feurig genug seyn, oder von dem Zuhörer, aus seiner eigenen Schuld, nicht begriffen werden, oder der Zuhörer muß ein Klotz seyn. In dem ersten Falle ist die Mattigkeit des Schertzes eine Häßlichkeit desselben, und es ist daraus klar, daß ich mit Grunde fodere, daß ein feuriger Schertz nicht nur lebendig seyn, sondern auch keinen Verdruß zunächst verursachen müsse. Zu gleicher Zeit erhellet, daß ich nicht nöthig habe, besondere Regeln von dem Leben eines Schertzes zu geben, weil ein Schertz der sehr feurig ist und den Regeln, die ich bisher ausgeführt habe, gemäß ist, nothwendig reizend seyn muß. Ein Schertz der von einem lebhaften feurigen und muntern Kopfe, mit kaltem Blute kan angehöret werden, oder wol gar mit Widerwillen, muß sehr frostig seyn, wenn anders keine andere Ursach zum Verdrusse kan angegeben werden.

    male si - - loqueris
Aut dormitabo, aut ridebo.
      Hor. art. poet.

§. 79.

Ich habe zur achten Vollkommenheit eines feurigen Schertzes, die Geschicklichkeit desselben, ein Lachen zu verursachen, angenommen. §. 25. Ich habe schon einmal erinnert, daß meine Meinung nicht darin besteht, als wenn ein Spaß würcklich müsse mit einem lachen begleitet werden, noch viel weniger werde ich die Grösse des Lachens bey einem Zuhörer, zum Merckmal der Grösse und Stärcke eines feurigen Schertzes, annehmen. Es kan jemand eine so ernsthafte Gemüthsfassung besitzen, daß er entweder gar nicht, oder doch sehr selten lacht; dieser wird auch über den feurigsten Schertz nicht lachen, ob er gleich noch so sehr dazu gereitzt wird. Mancher kan einen sehr heftigen Trieb zum lachen fühlen, und doch aus überwiegenden Gründen sich zwingen nicht zu lachen. Jener lacht über Kleinigkeiten, über ein Nichts, daß ihm der Othem vergeht, dieser lächelt nur bey den allerlächerlichsten Dingen. Ich sehe mich also genöthiget, die Schönheit eines Schertzes, die aus dem Verhältniß desselben zum lachen entspringt, nur darin zu setzen, daß er etwas belachenswürdiges enthalte, und dergestalt eingerichtet sey, daß ein Mensch der gerne und leicht, doch nicht ohne Grund, lacht, durch denselben zu einen starcken lachen sehr starck bewegt werde.

§. 80.

Man kan aus und mit Verdruß lachen, man kan aber auch aus Vergnügen lachen, und das Lachen kan unser Gemüth dergestalt aufheitern, daß dadurch alle bange Ernsthaftigkeit aus der Seele vertrieben wird. Man kan sagen, daß ein solches Lachen den Winden ähnlich sey, die die Wolcken zertheilen, vertreiben, und den Himmel aufheitern. Ein solches lachen ist eine so starcke Bewegung des Gemüths, die fähig ist, der Seele eine Munterkeit und aufgeräumtes Wesen zu geben, so der Betrübniß entgegengesetzt ist. Man wird mir ohne Schwierigkeit einräumen, daß die letzte Art des lachens diejenige sey, die durch einen Schertz muß gesucht werden. Der Schertz muß das Gemüth auf eine angenehme Art erschüttern, und die verwirrte Bewegung verursachen, die wir das Lachen nennen. Wenn man jemand zu einem verdrieslichen Lachen zwingt, so werden wir wenig Danck verdienen. Er wird sich wider uns rüsten, und alle seine Kräfte samlen uns zu widerstehen. Er wird unserm Schertze den Eingang verwehren, und wir werden ihm mit unsern Schertzen zur Last werden. Ueberdem müste es ein elender Spaß seyn, der wenig Schönheit haben würde, wenn er dem Zuhörer nicht zugleich vergnügen könnte. Es scheint überdies das Vergnügen eine nothwendige Verbindung mit dem Schertze zu haben, weil wir alsdenn am wenigsten zu schertzen im Stande sind, wenn wir nicht aufgeräumt, sondern mißvergnügt sind. Noch einmal, ein feuriger Schertz muß geschickt seyn, ein lachen zu verursachen, das von einem starcken sinlichen Vergnügen begleitet wird. Ich erinnere nur noch das einzige, daß ich nicht behaupte, als wenn ein Lachen möglich wäre mit welchem gar kein Vergnügen verbunden ist, ich behaupte nur, daß manchmal mit dem Lachen ein Verdruß verbunden seyn kan, der grösser und stärcker ist, als das Vergnügen so zugleich dabey angetroffen wird.

§. 81.

Man kan sagen, daß es eine schwere Untersuchung sey, den Ursprung des Lachens, nach allen seinen Stücken, auseinander zu setzen. Das Lachen ist eine so verworrene und, aus unendlich vielen andern, zusammengesetzte Veränderung, daß man Ursach zu zweiffeln hat, ob man dieselbe so deutlich erklären könne, als andere Veränderungen die bey uns vorgehen. Ich übergehe die Bewegung des Körpers, die mit dem Lachen verbunden ist. Ich will nur bestimmen, woher die Veränderung der Seele entsteht, wenn sie über etwas lächerliches lacht, denn das ist dasjenige lachen, so durch einen Schertz verursacht werden soll. Lächerlich sind alle Ungereimtheiten die man in Kleinigkeiten bemerckt. Das Lachen entsteht also aus der Beobachtung einer Ungereimtheit in Kleinigkeiten. **Cicero sagt im andern Buche vom Redner**: Locus autem & regio quasi ridiculi turpitudine & deformitate quadam continetur, haec enim ridentur vel sola, vel maxime, quae notant & designant turpitudinem aliquam non turpiter. Es wird leicht zu erweisen seyn, daß eine jede Häßlichkeit etwas ungereimtes oder wiedersprechendes enthalte, indem die Natur alsdenn von den Regeln der Vollkommenheit abweicht, worin ihre Maximen bestehen, wenn sie etwas häßliches in ihren Wercken hervorbringt. **Cicero** bemerckt an eben dem Orte, daß man weder über eine gar zu grosse Häßlichkeit noch Schandthat lache. Die erste bewegt zum Mitleiden, die andere zum Zorn und Abscheu. Folglich würde ein solches Lachen mit einem überwiegenden Verdrusse verbunden seyn. Man thue hinzu, daß man, wenn man grosse Dinge lächerlich macht, sein leichtsinniges Gemüth verräth, eine Beschaffenheit die abermals einem guten Geschmacke Verdruß erwecken muß.

Ich habe demnach mit Grunde annehmen können, daß, wenn man andre mit Vergnügen zu lachen machen will, man in Kleinigkeiten eine Ungereimtheit oder Widerspruch entdecken müsse.

§. 82.

Wenn ein Schertz also kräftig zum Lachen reizen soll, so muß er einmal, von Kleinigkeiten handeln, es mögen nun sittliche Dinge seyn oder bloß natürliche. Man nennt sie Kleinigkeiten aus verschiedenen Gründen, die ich nicht nöthig habe anzuführen. Ich bemercke nur daß es Dinge seyn müssen, die weder an sich betrachtet, noch in Absicht auf ihre Folgen, von grosser Wichtigkeit sind. Die Ungereimtheit die man entdeckt, kan überhaupt die Abweichung einer Sache von ihren Regeln seyn. Diese Regeln mögen nun moralisch oder nicht moralisch seyn, genug, wenn die Sache nur als regelloß, widersinnisch und häßlich vorgestelt wird. Je mehr solcher Unrichtigkeiten entdeckt werden, desto lächerlicher wird die Sache. Ich thue nicht ein Wort mehr hinzu, weil ich schon mehr als einmal erinnert habe, daß ich keine Wissenschaft der Schertze schreibe. Genug, daß ich nunmehr die Gründe habe, woraus ich verschiedene Unvollkommenheiten bey den Schertzen entdecken kan.

§. 83.

Ein jeder feuriger Schertz ist werth, daß er mit lachen angehört wird. Man hüte sich aber daß man nicht alles, was lächerlich und belachens werth ist, für einen Schertz halte. Noch viel weniger kan alles das was ein lachen verursacht ein Schertz seyn. Non sunt omnia ridicula faceta. *Cic. de Orat. L. II.* In einem Schertze, wenn er feurig seyn soll, muß das formelle, die Vergleichung verschiedener Dinge, der sinreiche und scharfsinnige Gedancke, den Grund zum lachen enthalten. Liegt dieser Grund in etwas anders, so kan es entweder gar kein Schertz genennt werden, oder er muß überaus frostig seyn. Alle diejenigen lustigen Herrn, die einen armseeligen Witz besitzen, mögen sich also ja in acht nehmen, sich einzubilden, daß sie spaßhafte Köpfe sind, wenn sie keinen andern Grund dazu anzugeben wissen, als weil sie geschickt sind andere zum lachen zu bestimmen. Es gehört mehr zu einem schertzhaften Kopfe, als die Geschicklichkeit ein lachen zu verursachen, ob ich gleich derselben ihren völligen Werth lasse, der ihr in anderer Absicht zukommen kan.

§. 84.

Wenn eine Person, Sache, Begebenheit, Handlung, oder wie es Namen haben mag, an sich schon lächerlich ist, ohne daß wir nöthig haben einen sinreichen Einfall hinzuzuthun, so wird die blosse Erzählung und Vorstellung dieser Stücke schon ein Lachen verursachen. Man würde sich aber gewaltig irren, wenn man dergleichen Erzählungen für Schertze halten wolte, und die Person die sie vorträgt für einen schertzhaften Kopf. Es ist wahr, wenn die Materialien unseres Schertzes schon an sich lächerlich sind, so wird es uns leichter werden, damit zu schertzen, und unser Schertz kan dadurch feuriger werden. Allein wenn über weiter nichts, als über die Sachen gelacht wird, so ist ein lustigmacher zu eilfertig, sich deswegen für einen Meister in Schertzen zu halten. Das haben sich alle Liebhaber poßierlicher Historien zu mercken. Sie können sich in anderer Absicht die Gesellschaft verbindlich machen, wenn ihre Histörchen alle diejenige Artigkeit haben, die einen vernünftigen Menschen nicht verunzieren, wenn er sie erzählt oder belacht. Aber, daß sie deswegen für witzige und feurige Köpfe wollen gehalten seyn, ist eine Hofnung, die sie sich so lange müssen vergehen lassen, bis sie wichtigere Gründe dazu anzugeben wissen.

§. 85.

Ich weiß selbst nicht woher es kommt, daß manche Dinge, bey den meisten Leuten, ein ungemeines lachen verursachen, und wenn sie auch ohne allen Witz und Scharfsinnigkeit vorgetragen werden, die doch nicht lächerlich sind. Man nenne nur gewisse Dinge, bey denen schamhafte Gemüther roth werden, oder man nenne auch Dinge die zur Religion gehören, ich bin gut dafür, daß es unzählige Leute gibt die hertzlich darüber lachen werden, obgleich nicht das geringste spaßhafte dabey angetroffen wird. Der Grund dieses lachens liegt in der schmutzigen und leichtsinnigen Beschaffenheit des Zuhörers, und ich bin zufrieden angemerckt zu haben, daß dergleichen Zoten und Mißbrauch der Dinge, die mit der Religion eine Verwandschaft haben, wenn sie mit keinem sinreichen Einfalle begleitet werden, keine Schertze können genannt werden, und ob sie noch so hertzlich belacht würden. Oben habe ich gezeigt, daß man schandbare Zoten, und ob sie gleich mit Witz und Scharfsinnigkeit vorgetragen würden, demohnerachtet für frostige Spasse halten müsse. Und ich werde mich also nicht betrügen, wenn ich überhaupt sage, daß alle Unflätereyen, sie mögen Namen haben wie sie wollen, entweder gar keine Schertze, oder doch ein viel zu elender Stoff sind, als daß ein reinliches Gemüth sich die Mühe nehmen solte, sie zu durchwürcken, und einen Schertz daraus zu machen.

§. 86.

Ein Schertz muß nothwendig abgeschmackt seyn, der auf keine andere Art zum lachen reitzen kan, als wenn man den schertzenden ansieht, und auf seine Geberden dabey achtung gibt. Ein feuriger Schertz muß auch ein Schertz bleiben, wenn man den Urheber desselben auch nicht sehen solte, ob ich gleich nicht in Abrede seyn will, daß die Art des Vortrages ein vieles, zur Vermehrung der Schönheit eines Schertzes, beytragen könne. Dem sey wie ihm wolle. Ein Schertz der sonst gar kein Feuer hat, als wenn man das Bezeugen des schertzenden beym Vortrage desselben mit zu Hülfe nimt, ist ein sehr frostiger Schertz. Der schertzende macht sich alsdenn zu einen Narren und Harlekin. Man lacht nicht über seinen sinreichen Einfall, sondern über sein ungereimtes Betragen. Kurtz, Reden die nicht eher zum lachen bewegen, bis sie mit tausend närrischen Verzuckungen der Glieder des Körpers begleitet werden, sind Narrenspossen. Und man kan sagen, daß ihr Feuer nicht geistig, sondern bloß körperlich sey, weil sie alle ihre Lebhaftigkeit durch die Mißhandlungen des Körpers bekommen.

§. 87.

Man solte fast auf die Gedancken gerathen, daß die Natur bey der Bildung gewisser Menschen gespaßt habe. Man sagt von diesen Leuten, daß sie zu Narren geboren sind. Wenigstens scheints, daß die Natur bey ihnen nicht so regelmäßig verfahren sey, als sie ordentlicher Weise zu thun gewohnt ist. Tausend Kleinigkeiten befinden sich in der Gestalt, und gantzen Bildung solcher Leute, welche regelloß sind, und diese Leute so unglückseelig machen, daß man sie ohne lachen nicht ansehen kan. Diese verunglückten Wercke der Natur, dürfen nur den frostigsten Einfall vorbringen, so wird überlaut gelacht; und Leute von weniger Beurtheilungskraft glauben, daß denselben das schertzen überaus wohl anstehe. Ich darf diesen lächerlichen Irthum nicht wiederlegen. Es ist von selbst klar, daß man nicht über den Einfall, sondern über die Person lache. Und, meiner Einsicht nach, schicken sich solche Leute am allerwenigsten, schön und feurig zu schertzen. Ihre Einfälle können Schertze für die Augen, und nicht für die Ohren genennt werden.

§. 88.

Wenn die lächerliche Gestalt eines Menschen ein blosser Naturfehler ist, so verdient er Mitleiden und Vergebung. Wer aber seinen Körper durch Fleiß und Uebung zu einen poßirlichen Werckzeuge, andere Leute zu belustigen, macht, verdient ohnfehlbar die Verachtung vernünftiger Leute. Schertze, die mit ungereimten und ausserordentlichen Verzuckungen der Gesichtszüge, und unmenschlichen Verdrehungen der Theile desselben, vorgetragen werden, gehören auf die Schaubühne, und auch da hat man sie schon weg gepeitscht. Eine Rede, die mit einem Fratzen-Gesichte vorgetragen wird, ist ein Schertz der für einen groben und pöbelhaften Geschmack gehört. Es ist zu bedauren, daß manche witzige Köpfe auf diese Ausschweiffung gerathen. Sie würden sonst nicht gantz unglücklich im Schertzen seyn. Weil sie aber die Narrheit begehen, und sich befleißigen, ihre Gesichter dergestalt zu verzucken,

Possent vt iuuenes visere fervidi
Multo non sine risu
Dilapsam in cineres faciem
  Hor. Carm. L. IV. od. XV.

so sind sie nicht werth, daß man sie schertzhafte Leute nennt. Wer sich so weit erniedrigen kan, sich selbst mit Fleiß lächerlich zu machen, verdient nicht, ein vernünftiges Wesen zu heissen.

§. 89.

Es ist unmöglich und unnöthig alle die Thorheiten beym schertzen zu züchtigen, die mit der vorhergehenden eine Verwandschaft haben. Viele lassen es nicht bey den Verdrehungen ihres Gesichts bewenden, sie brauchen ihren ganzen Körper zu einem Gauckelwerck, und befleißigen sich, wider die ordentlichen mechanischen Regeln, ihre Gliedmassen zu bewegen. Viele geben, durch ihre poßirliche Kleidung, ihren Worten den Schein eines Schertzes.

- tunicis - - est qui
Inguen ad obscoenum subductis vsque facetus.
Hor. art. poet.

Andere befleißigen sich, durch kindische Nachäffungen anderer Leute in Worten und Geberden, ein Lachen zu verursachen. Noch andere beweisen ihre Kunst in dummen, unförmlichen, unverständlichen Worten und Tönen. Kurtz, ich rechne alle diejenigen dahin, die sich selbst bey einem Schertze lächerlich machen, es sey nun auf die eine, oder die andere Weise. Derjenige der einen feurigen Schertz machen will, muß auf alle mögliche Art bemüht seyn, sich selbst nicht zum Narren zu machen. Er muß sein Ansehen und Hochachtung bey seinen Zuhörern erhalten, und jederzeit der Regel des **Cicero** folgen: ne aut scurrilis iocus sit aut mimicus.

§. 90.

Wenn ein schertzhafter Kopf in den Gedancken steht, daß es sehr leicht sey, ein anständiges lachen zu verursachen; und daß man bey einem Spasse entweder allein, oder zuerst darauf zu sehen habe, wie man seine Zuhörer zu lachen machen wolle, so hegt er zwey sehr schädliche Vorurtheile.

- Non satis est risu diducere rictum
Auditoris, & est quaedam tamen hic quoque virtus.
Hor. Sat. L. I. Sat. X.

Aus dem vorhergehenden erhellet eines theils, daß derjenige viele Scharfsinnigkeit und Witz besitzen müsse, der, ohne sich selbst lächerlich zu machen, andere Leute von feinem Geschmacke zum lachen bestimmen will. Andern theils ist ausgemacht, daß man hauptsächlich davor sorgen müsse, dem Schertze das gehörige Feuer zu verschaffen, so wird derselbe ohne dem werth seyn, mit lachen von andern angehört zu werden. Wer aber demohnerachtet die angeführten unrichtigen Sätze zu Maximen beym Spassen annimmt, der wird wo nicht beständig, doch mehrentheils, ein Harlekin seyn. Er wird alles zusammen samlen, was lächerlich ist, und er wird sich kein Bedencken machen, auch seine eigene Person als ein Mittel zu diesem seinen Zwecke zu brauchen. Das Lachen muß bey einem jeden Spasse zum Zwecke angenommen werden, und folglich in der Ausübung das letzte seyn, die übrigen Schönheiten müssen zuerst in dem Schertze hervorgebracht werden, hernach ist es erst Zeit auf die Hervorbringung des Lachens zu dencken.

§. 91.

Die letzte Schönheit eines glücklichen Schertzes besteht in einem geschickten Vortrage desselben. Man mag nun den Vortrag zu den wesentlichen Stücken eines Spasses rechnen, oder ihn nur als die Einkleidung desselben ansehen, so wird doch jederzeit auf den Vortrag des Schertzes viel ankommen, wenn er glücklich gerathen soll. Der Vortrag verhält sich wie die Einfassung eines Diamants, wodurch der Glantz desselben innerlich zwar weder vermehrt noch vermindert werden kan, wohl aber äusserlich; sie befördert und erhöhet den Glantz, oder erstickt ihn. Ein Schertz kan im höchsten Grade feurig seyn, wenn man ihn als einen Gedancken betrachtet, durch einen ungeschickten Vortrag aber dergestalt verunstaltet werden, daß sein Feuer umhült und unsichtbar wird. Im Gegentheil kan das Feuer eines sehr mittelmässigen Schertzes, vielmehr gläntzen, wenn es durch einen gehörigen Vortrag unterstützt wird.

§. 92.

Bey dem Vortrage unserer Gedancken muß man auf zwey Stücke sehen. Auf die Worte, und auf das Betragen des gantzen Körpers, nebst andern Veränderungen, die mit dem Vortrage eine nothwendige Verbindung haben. Ich bin nicht willens alle die Regeln auszuführen, die zu einem geschickten Vortrage eines Schertzes erfodert werden. Sie sind mit den Regeln der Redekunst den wesentlichen Stücken nach einerley. Ich werde mich begnügen, einige Fehler im Vortrage der Spasse zu bemercken wodurch das Feuer derselben verdunckelt wird. Die Worte wodurch der Schertz vorgetragen wird sollen die Zeichen desselben seyn. Wenn sie demnach dergestalt beschaffen sind, daß der Zuhörer aus denselben den gantzen Schertz, nebst allen Schönheiten desselben, erkennen kan, so sind sie ohne Tadel. Der Schertzende muß seinen Vortrag dergestalt einrichten, daß keine Schönheit verborgen bleibt oder verdunckelt wird. Hat er einen feurigen Spaß erdacht, kan er reden, ist er der Sprache mächtig, und weiß er was vor Töne, Erhöhungen und Erniedrigungen der Stimme, zu einem jedem Gedancken sich schicken, so kan es ihm an einem geschickten Vortrage nicht fehlen.

Verbaque provisam rem non invita sequentur.
Hor. art. poet.

Der Vortrag eines Schertzes ist ohne Tadel, in welchen sich der Schertz in seiner gantzen Pracht und vollem Lichte zeigt. Ich thue noch das einige hinzu, daß der Vortrag des Schertzes geschwind seyn müsse. Ist man gar zu langsam, zählt man gleichsam die Worte, so kan man den Zuhörer nicht unvermuthet genug überfallen, und es wird der Schertz nicht lebhaft genug werden. Dem Zuhörer wird die Zeit lang, und man läßt ihm gar zu viel Raum zur Ueberlegung und zum Nachdencken. Ueberdies würde ein gar zu langsamer Vortrag, ein untrügliches Zeichen der Langsamkeit unseres Witzes seyn. Nein, die bedachtsame Munterkeit und Hitze des Geistes, belebt auch den Körper, und zwingt ihn, in allen seinen Handlungen und Worten, eine Hurtigkeit zu beobachten, die nicht übereilt und schläfrig ist.

§. 93.

So gewiß es ist, daß zu einem geschickten Vortrage, auch die Uebereinstimmung aller Minen und Züge des Gesichts mit dem Vortrage, erfodert werde, so schwer ists, die Regeln zu entdecken, durch welche diese Einrichtung des Gesichts bestimmt wird. Zum guten Glück, pflegt die Natur in solchen Kleinigkeiten den Mangel unseres Fleisses zu ersetzen. Itaque imbuendus est is, qui iocose volet dicere, quasi natura quadam apta ad haec genera, & moribus, vt ad cuiusque modi genus ridiculi vultus etiam accommodetur. *Cic. de Orat. L. II.* Wer in seinem Vortrage ungezwungen ist, und nicht gar zu sehr künstelt, wer selbst einen lebhaften Eindruck von den Sachen hat, die er vorträgt, dessen Gesichtszüge werden um der natürlichen Uebereinstimmung des Körpers mit der Seele willen, seinem Vortrage am gemässesten seyn, wenn er am wenigsten drauf denckt. Man kan eben dieses von einem schertzenden sagen. Kan man ihm gleich nicht ausführlich vorschreiben, wie ers machen soll, daß er seinem Gesichte die gehörige Einrichtung beym spassen gebe, so kan man doch gar zu leicht die Regellosigkeit in diesem Stücke gewahr werden. Ich werde nur ein paar Fehler dieser Art berühren, weil sie der Schönheit eines Schertzes gar zu nachtheilig zu seyn scheinen. Der erste ist die Finsterniß des Gesichts. Ich habe zwar erwiesen, daß der schertzende ernsthaft seyn müsse, ein ernsthaftes Gesicht aber ist nicht saur und finster. Es ist wahr, der Schertz wird ungemein belacht, der mit einer runzlichten Stirne vorgetragen wird. Allein ich bin mit dem **Cicero** eines Sinnes: In moroso non sal sed natura ridetur. Man schließt aus der Finsterniß des Gesichts, auf einen murrischen Kopf, und es scheint uns wiedersprechend und ungereimt zu seyn, daß ein so murrischer und unaufgeräumter Kopf, so lustige und aufgeräumte Einfälle haben könne. Ueberdies hat es das Ansehen, als wenn die Natur bey einem solchen Menschen ihre Maximen vergessen. Sie pflegt gewöhnlicher Weise, die genaueste Uebereinstimmung zwischen Leib und Seele, zu erhalten. Ist es also nicht wiedersinnisch, daß sie die Seele eines **Democritus** in den Körper eines **Cato** gesteckt hat? der schertzende macht sich selbst lächerlich, wenn er nicht eine heitere, freudige und muntere Ernsthaftigkeit annimt, und ich habe oben erwiesen, daß ein Schertz viel von seinem Feuer verliehre, wenn sich der schertzende selbst lächerlich macht.

§. 94.

Der andere Fehler des Gesichts, der dem schertzenden nachtheilig ist, besteht darin, wenn er eine gar zu grosse Zufriedenheit über seinen Spaß mercken läßt. Man sieht es manchem spaßhaften Kopfe an den Augen an, daß er ein inniges Vergnügen über seinen Einfall empfindet, und seine Artigkeit gar zu lebhaft selbst fühlt. Die Augen funckeln ihm im Kopfe, und gehen von einem Zuhörer zu den andern fort, sie scheinen ein Verlangen nach dem Beyfalle der Zuhörer zu entdecken, und eine Verwunderung und Zorn an den Tag zu legen, im Fall der Beyfall der Zuhörer nicht so, und in eben der Stärcke, gleich erfolgt, als der schertzende sich würdig zu seyn glaubt. Ein solches Bezeugen verursacht eine kleine Rache bey den Zuhörern, die in Absicht auf den schertzenden grausam ist. Ein vernünftiger Mensch verachtet überhaupt alle Personen, die mit sich selbst gar zu sehr zufrieden sind. Er glaubt, daß sein Beyfall unnöthig sey, weil der scherzende, durch seine Zufriedenheit mit sich selbst, ihm zuvorgekommen. Er schließt nach einen Vorurtheil, so in den mehresten Fällen eintrift, daß ein Kind, welches von seinen Eltern affenmäßig geliebt wird, viele Fehler habe. Er wird aufmercksam gemacht, Fehler zu entdecken, die er sonst nicht würde sonderlich bemerckt haben; und man pflegt einem Menschen, der mit sich selbst gar zu sehr zufrieden ist, Fehler anzurechnen, die man bey andern wo nicht ganz übersehen, doch nicht so sehr ahnden würde. Ein Mensch der glücklich im Schertzen seyn, und Beyfall erlangen will, muß gegen seinen eigenen Einfall gleichgültig zu seyn scheinen. Er darf die Augen eben nicht niederschlagen und auf seinen Schertz fluchen. Allein er muß sich sehr in acht nehmen, kein gar zu lebhaftes Vergnügen, über seine eigene Schertze, von sich blicken zu lassen.

§. 95.

Ein Mensch der mitten in seinem Schertze lacht, und denselben mit lachen vorträgt handelt poßirlich. Er verliehrt die angenehme Ernsthaftigkeit, die einen Schertz so schön macht. Er wird durch das lachen gehindert, seinen Schertz geschwind und hurtig vorzutragen, und dadurch die Zuhörer unvermuthet zu überfallen. Ehe noch der Schertz völlig vorgetragen wird, mercken es schon die Zuhörer, daß ein Schertz vorgetragen werden soll; er kan ihnen also unmöglich gantz neu seyn, wenn sie ihn hernach in seinem Umfange und völligen Ausdehnung erkennen. Der Schertz bekommt dadurch alle Häßlichkeiten eines vorhergesehenen Spasses. Der schertzende kan dadurch gehindert werden, seinen Schertz ordentlich und verständlich vorzutragen, und er kan wohl gar in den kindischen Fehler fallen, daß er den Vortrag unterbrechen muß, und die läppische Entschuldigung hinzu thun, daß er es vor lachen nicht sagen könne. Ja man kan sagen, daß das lachen in manchen Gesellschaften eine Sympathetische Kraft habe. Es darf nur einer lachen, so lacht die gantze Gesellschaft, ohne zu wissen warum. Es ist also vermuthlich, daß, wenn der schertzende seinen Schertz mit lachen vorträgt, seine Zuhörer ihm Gesellschaft leisten werden, und sie haben nicht nöthig über den Schertz selbst hernach zu lachen. Es kommt einem überhaupt poßirlich vor, wenn man einen Menschen lachen sieht, und man weiß nicht warum. Der schertzende macht sich also selbst lächerlich, wenn er mitten im schertzen lacht. Soll der Schertz nicht frostig werden so muß der schertzende weder vorher, noch mitten im Schertze lachen.

§. 96.

Wenn man dem spaßhaften Kopfe ja erlauben will, über seinen Einfall zu lachen, so muß er es nicht eher thun als nachher, doch hüte er sich vor einer gar zu grossen Eilfertigkeit. Ist er der erste im lachen, so kommt mir dieses lachen vor, wie das plaudite bey einem Lustspiel. Man scheint die Zuhörer zum lachen aufzumuntern, man scheint zu befürchten, das lachen werde nicht erfolgen. Es ist überhaupt der nöthigen Ernsthaftigkeit beym schertzen zu wieder, und man erweckt den Verdacht, daß man selbst gar zu sehr für seinen Einfall eingenommen sey. Wenn aber der Schertz sehr feurig ist, und alles um uns herum lacht, so muß ein Mensch sehr viele Herrschaft über sich selbst besitzen, wenn er sich des lachens enthalten will. Ein lachen das alsdenn entsteht, kan als eine Schwachheits-Sünde entschuldiget werden. Ich nenne es eine Schwachheits-Sünde weil ich glaube, daß ein vollkommener Schertz eine freudige Ernsthaftigkeit vorher und nachher erfodert. Der schertzende beweißt die Stärcke seines Witzes auf eine ausnehmende Art, wenn er mitten unter vorhergehenden, begleitenden und nachfolgenden ernsthaften Gedancken schertzen kan. Und da wird er gewiß auch nachher nicht lachen. Der schertzende muß gleichsam im Vorbeygehen den Schertz anbringen. Er muß den Schein geben, daß es ihm selbst nicht viel darum zu thun sey, so beweißt er dadurch wie leicht es ihm sey, auf eine feurige Art zu schertzen. Ich will nicht einmal den Fehler berühren, wenn ein frostiger Kopf über seine eigene bejammernswürdige Einfälle lacht. Ich bin zweiffelhaft, ob ein solcher Mensch Mitleiden, oder Verachtung und Verspottung verdiene. Ein solcher alberner Possenreißer ist vernünftigen Leuten dergestalt entgegen gesetzt, daß er auch gantz verschiedenen Gemüthsbewegungen unterworffen ist,

Und wenn er **selber** lacht so möchten andre weinen.
Canitz.

§. 97.

Ich halte es nicht eben für einen der geringsten Fehler, wenn der schertzende eine gar zu ängstliche Furchtsamkeit, bey dem Vortrage des Spasses, von sich blicken läßt. Wenn der Schertz recht gelingen soll, so muß er mit einer anständigen Dreistigkeit, und Unerschrockenheit vorgetragen werden. Ich verstehe dadurch kein freches und unverschämtes Wesen, sondern eine kühne Munterkeit, welche aus dem Uebergewicht des bewustseyns, daß der Schertz werth sey vorgetragen zu werden, entsteht, und welche das Mittel ist zwischen einer zaghaften Blödigkeit und einer lermenden Tollkühnheit. Mancher Kopf hat sehr feurige Einfälle, allein so bald sie ihm auf die Zunge kommen, überfält ihn eine Bangigkeit, die ihn blaß macht, den Othem versetzt, und durch eine zitternde und unterbrochene Stimme die Angst seines Hertzens verräth. Solche Gemüther sind zu zärtlich und empfindlich, sie sind übertriebene Richter ihrer eigenen Gedancken, und haben eine zu schlechte Hofnung der guten Aufnahm ihres Schertzes. Sie verderben dadurch ihre Schertze, die im übrigen glücklich genug sind. Sie sind nicht im Stande, ihren Schertz munter genug vorzutragen, sie können den Zuhörer nicht unvermuthet genug überfallen, sie erwecken selbst eine Art der Angst in den Gemüthern der Zuhörer, welche nothwendig mit einiger Unlust den Schertz erwarten müssen, der so viele Geburtsschmertzen verursacht. Ja sie verrathen eine gewisse Schwäche ihres Witzes, die den Schertz selber matt machen muß. Ein hitziger Kopf hat viel zu feurige Einfälle, als daß sie ihm Zeit, zu ängstlichen Beurtheilungen, lassen solten. Er wird von seinen eigenen Einfällen so unvermuthet und plötzlich überfallen, und so nachdrücklich gerührt, daß er in eine Art der Verwirrung geräth, die ihm natürlicher Weise eine Kühnheit geben muß. Die Lebhaftigkeit und Stärcke seiner Schertze, breitet sich bis in seinen Körper aus, und geben ihm alles das Feuer, das zu einem unerschrockenen und dreisten Vortrage derselben nöthig ist. Kan man wohl diese Stärcke des Witzes, bey demjenigen annehmen, der mit Zittern und Zagen, und einer stotternden Stimme spaßt? Wer sich nicht getrauet, mit einem männlichen und unverzagten Muthe, zu schertzen, der überhebe sich gar dieser Mühe. Seine Furchtsamkeit kan ihn überdies manchmal in eine solche Verwirrung setzen, daß er nicht mehr weiß was er sagt, und er wird sich der Gefahr, ausgelacht zu werden, aussetzen.

§. 98.

Ich habe bisher die Schönheiten eines Schertzes ausgeführt, welche meinen Bedüncken nach nöthig sind, wenn er glücklich gerathen soll. Ich will nicht sagen, daß ich keine einzige übergangen hätte. Ich will auch nicht zum andern, oder gar zum dritten mal, sagen, daß ich nicht in den Gedancken stehe, als wenn ein jeder glücklicher Schertz, alle diese Schönheiten besitzen müsse. Sondern ich werde meine Erinnerungen die ich noch zu machen habe, in ein paar allgemeine Anmerckungen einschrencken. Zuerst gebe ich zu, daß es manche Schertze gibt, bey welchen unmöglich alle diese Schönheiten zusammen stat finden können. Es kan geschehen, daß bey gewissen Spassen, nach allen ihren Umständen betrachtet, einige dieser Schönheiten einander wiedersprechen. Daraus wird aber meines Erachtens nichts weiter folgen, als daß manche Schertze unmöglich den grösten Grad der Schönheit erreichen können, der bey einem Schertze, überhaupt betrachtet, möglich ist. Hernach ist mit leichter Mühe zu begreiffen, daß eine Schönheit eines Schertzes so groß, starck und einnehmend seyn könne, daß viele andere Fehler dadurch bedeckt werden. Was einem Schertze an der einen Schönheit abgeht, kan durch die andre ersetzt werden. Und es gibt Fehler der Schertze die mit leichter Mühe können versteckt werden. Ja, man kan sich in Gesellschaft befinden, da man hundert Fehler in Schertzen begehen kan, die die Gesellschaft nicht merckt.

Non quiuis videt immodulata poemata iudex.
Hor. art. poet.

Es gehört ein wenig Verschlagenheit und List dazu, wenn

man in allen Gesellschaften, die aus keinen grossen Geistern bestehen, im spassen glücklich seyn will. Man kundschafte den Geschmack der Gesellschaft aus, man verstecke die Fehler seiner Schertze, so bin ich gut davor, daß man für einen schertzhaften Kopf wird gehalten werden. Nur hüte man sich vor der Eitelkeit, deswegen zu glauben, daß man auch vor dem Richterstuhle der gesunden Critik, eines guten Ausspruchs, bloß um dieser Ursach willen, sich zu getrösten habe.

§. 99.

Die Gründe der Beurtheilung eines Schertzes, die ich bisher ausgeführet habe, können innere Gründe genennet werden, weil sie in den Schönheiten bestehen, die einem glücklichen Schertze eigenthümlich zugehören. Es gibt aber auch äusserliche Gründe, die überhaupt aus dem Urtheile anderer von unsern Schertzen hergenommen werden, und aus dem Eindrucke den unser Schertz in den Gemüthern unserer Zuhörer macht. Doch ist dabey viel Behutsamkeit nöthig. Ich will erst untersuchen, ob man einen Schertz für feurig zu halten Ursache habe, wenn er von andern gelobt, belacht, und gebilliget wird. Es würde ein übereiltes Urtheil seyn, wenn man diese Frage schlechterdings bejahen wolte. Unser Zuhörer, dem wir den Schertz vortragen, kan aus grosser Höflichkeit und Freundschaft unsere frostigsten Schertze loben und belachen, weil er uns einen Gefallen dadurch zu erweisen glaubt. Hat man also nicht nöthig der Warnung des **Horatz** Gehör zu geben?

Nunquam te fallant animi sub vulpe latentes.
Art. poet.

Oder er kan uns wohl gar so viel Ehrfurcht und Unterwürfigkeit von Rechts wegen schuldig seyn, daß es ein unbesonnenes Verbrechen seyn würde, wenn er sich nicht verstellen wolte. Oder er kan ein **Gnatho** seyn, welcher denckt:

Est genus hominum, qui esse primos se omnium rerum volunt,
Nec sunt. Hos consector. Hisce ego non paro me vt rideant,
Sed eis vltro arrideo, & eorum ingenia admiror simul.
Quicquid dicunt laudo, id rursum si negant, laudo id quoque,
Negat quis, nego; ait, aio; postremo imperaui egomet mihi
Omnia assentari.
Terent. in Eunuch.

Oder, welches vor allen Dingen anzumercken, unser Zuhörer kan ein einfältiger, stumpfer, frostiger Kopf seyn. Man sage ihm die feurigsten Schertze, die sind ihm zu hoch, er kan sie nicht begreiffen, er bleibt ungerührt. Hört er aber den frostigsten und abgeschmacktesten Spaß, der wird für seinen groben Geschmack sich schicken. Sein eißkaltes Gehirne wird den kleinsten Grad des Feuers fühlen, welches in einem ohnedem feurigen Kopfe unmercklich ist. Man sieht demnach, daß der Beyfall, der unsern Schertzen gegeben wird, ein sehr zweiffelhaftes Merckmaal der Schönheit derselben ist. Wollen wir daraus einen wahrscheinlichen Schluß machen, so müssen wir wissen, daß derjenige, der unsern Schertz lobt, ein feuriger Kopf von gereinigtem Geschmacke sey, und daß er weder aus Freundschaft, noch Höflichkeit, noch Unterwürfigkeit, noch Schmeicheley über unsern Einfall lache.

§. 100.

Eben so wenig kan man daher, wenn unser Schertz getadelt wird, und keinen Eindruck bey andern verursacht, auf den Frost desselben einen unbetrüglichen Schluß machen. Ich habe schon bemerckt, daß ein frostiger und ungeschliffener Kopf, den schönsten Schertz ohne Rührung, anhören und ihn tadeln wird. Aus diesem Tadel darf man sich so wenig machen, daß man ihn vielmehr als ein Zeichen der Schönheit unsers Schertzes anzusehen hat. Es kan jemand aus Feindschaft, Verachtung unserer Person, Neid, und Tadelsucht unsere Einfälle tadeln, und sich mit Gewalt zwingen nicht zu lachen, sondern sein Vergnügen über den Schertz zu verheelen und zu ersticken. Ich weiß selbst nicht woher es kommt, daß der Neid fast eine Erbsünde vieler feurigen Köpfe zu seyn scheint. Ein witziger Kopf wird viel Mühe nöthig haben, einen sinnreichen Einfall an andern zu loben. Ich rede nur von solchen aufgeweckten Köpfen, die ausserdem nicht eben gar zu grosse Vollkommenheiten besitzen. Ja es kan auch ein geistreicher Kopf, der in keinem dieser angeführten Fehler steckt, manchmal viel zu ernsthafte und verdriesliche Gedancken haben, als daß er die Schönheit eines feurigen Schertzes zu mercken vermögend seyn solte. So wenig man beständig zu schertzen aufgelegt ist, so wenig ist man zu allen Zeiten im Stande, durch einen glücklichen Schertz gerührt zu werden. Ja endlich kan die Verschiedenheit des Geschmacks Ursach seyn, warum andere unsere Schertze nicht für schön halten.

Laudatur ab his culpatur ab illis.
Hor. Sat. L. I. Sat. II.

Mich dünckt, ich habe überflüßig dargethan, daß ein Schertz sehr feurig seyn könne ob er gleich von andern getadelt wird, und keinen mercklichen Eindruck bey andern macht. Wenn aber ein Mensch von grossem Witze, Scharfsinnigkeit, und Beurtheilungskraft, der gantz unpartheiisch ist, unsern Schertz ohne Rührung anhört und ihn verachtet, so ist der Schluß überaus wahrscheinlich, daß der Schertz mat, unglücklich und frostig sey. Noch viel behutsamer muß man seyn, wenn man von seinem eigenen Urtheile, über seine eigene Einfälle, einen Schluß auf ihre Häßlichkeit oder Schönheit machen will. Eitelkeit und Eigenliebe verblenden uns, daß wir unsere eigene Fehler nicht mercken, und unsere Vollkommenheiten durch ein Vergrösserungsglas betrachten. Niederträchtigkeit stelt uns häßlicher, in unsern eigenen Augen, dar, als wir in der That sind. Es sind demnach Uebereilungen, wenn man gerade zu schliessen wolte: Mein Spaß der mir gefält ist feurig, und der mir mißfält ist frostig. Wer aber seinen Geist über die Schwachheiten der Eitelkeit und Niederträchtigkeit erhoben hat, wer ein feuriger Kopf ist, und einen feinen Geschmack hat, der kan diese Schlüsse mit vieler Wahrscheinlichkeit machen. Nur muß er sich hüten, daß das auch keine Frucht einer schmeichelnden Eigenliebe sey, wenn er sich selbst für einen erhabenen, feurigen und feinen Geist hält.

§. 101.

Ich könnte meine Betrachtung hier beschliessen. Das hundert der Absätze ist ohne dem wieder mein Vermuthen voll geworden. Ich habe aber angemerckt, und zwar, wie ich mir schmeichle, nicht ohne Grund, daß die formelle Vollkommenheit eines Schertzes in verschiedenen Stücken, von der materiellen Vollkommenheit derselben abhänget. Ich werde daher von dieser noch handeln müssen. Ich bin nicht willens mich dabey so weit auszudehnen, als ich zu thun im Stande wäre. Ich werde die materielle Vollkommenheit der Schertze, nur in so weit in Betrachtung ziehen, als sie das Feuer eines Schertzes entweder glänzender machen, oder verdunckeln kan. Ich werde alle Weitläuftigkeit vermeiden, und diese gantze Betrachtung in drey oder vier Regeln einschliessen.

§. 102.

So lange die materielle Unvollkommenheit eines Schertzes kleiner ist, als die formelle Schönheit desselben, so wird jene dem Feuer desselben keinen mercklichen Abbruch thun. So bald aber die materielle Unvollkommenheit mit der formellen Vollkommenheit die Wage hält, oder diese wohl gar übertrift, so bekommt die Schönheit eines Schertzes einen Schandfleck, der wenigstens die formellen Schönheiten verdeckt. Ein solcher Schertz gleicht einem Feuer, das vielen Dampf und Rauch verursacht. Wenn gleich der Rauch dem Feuer selbst keine Kraft nimt, so verdeckt er doch dasselbe, und verhindert den Glantz desselben, der sonst sich weiter ausbreiten, und durchdringender seyn würde. Ein Mensch, der an einem Dinge Vollkommenheiten und Unvollkommenheiten gewahr wird, beurtheilt die Sache nach dem Uebergewicht der einen oder der andern. Wenn die letzten die ersten weit übertreffen, so kan es natürlicher Weise nicht anders seyn, als daß man sich die häßliche Seite eines solchen Dinges aufmercksamer, klärer, gewisser und lebendiger vorstelt. Darüber vergißt man nach und nach die Vollkommenheiten, sie scheinen nicht hinreichend zu seyn eine Sache, die überwiegend fehlerhaft ist, nach ihrem schwächern Theile zu beurtheilen. Mit einem Wort, eine Sache die mehr häßlich als schön ist, wird nach ihrer schönen Seite nicht vornemlich beurtheilt. Die Schönheiten werden durch die stärckern Häßlichkeiten verdunckelt, und man ist nicht gewohnt, wenige Vollkommenheiten, mit einem so elenden Anhange mehrerer Unvollkommenheiten, besonders zu schätzen. Soll also der Schertz sein völliges Feuer behalten, und darin unterstützt werden, so muß die materielle Unvollkommenheit, wo nicht gantz fehlen, welches allerdings besser ist, doch mercklich kleiner seyn. Mir deucht alle Religions-Spöttereien haben diesen Fehler. Die Schertze die über Religionssachen getrieben werden, können bisweilen sehr gut geraten, weil aber die Gottlosigkeit und Leichtsinnigkeit derselben, zwey Sünden sind, die bey nahe den höchsten Grad in diesem Falle erreichen, so können solche Schertze bey niemanden ihre Würckung thun, als die eben so gottloß und leichtsinnig sind, wie der schertzende selbst.

§. 103.

Wenn der Verdruß und der Eckel des Zuhörers über die materielle Unvollkommenheit unseres Schertzes, grösser ist, als sein Vergnügen über die formelle Schönheit desselben, so verliehrt unser Schertz seinen Glantz und Feuer, wenigstens in dem Gemüthe unsers Zuhörers. Niemand ist so thöricht, eine kleine Lust durch einen stärckern Verdruß zu erkauffen; und es ist sehr wahrscheinlich, daß der Verdruß über unsern Schertz das Vergnügen über eben demselben verdunckeln werde, folglich auch den Grund desselben, oder die Anschauung der Schönheiten desselben. Diese werden sich gleichsam hinter der Häßlichkeit des Schertzes verliehren, und so gut seyn als wenn sie gar nicht da wären. Wenn ja ein feuriger Schertz eine materielle Unvollkommenheit hat, so muß doch der Verdruß darüber mercklich schwächer und dunckeler seyn, als das Vergnügen über eben denselben. Alsdenn wird sichs umgekehrt verhalten. Die häßliche Seite wird sich immer weiter hinter die schöne drehen, und es kan wohl gar kommen daß der Zuhörer, über den Vergnügen, an die Unvollkommenheiten zu gedencken vergißt. Wenigstens ists einem oftermals nicht zuwider, einen kleinen Verdruß auszustehen, wenn er nur durch ein grösser Vergnügen belohnt und ersetzt wird. Es ist nicht zu leugnen, daß die Ausübung dieser Regel viele Kunst erfodert. Es kan jemand einen sehr grossen Verdruß worüber empfinden, so dem andern gar keine, oder doch eine sehr kleine Unlust erweckt, und so verhält es sich auch mit dem Vergnügen. Dem sey nun wie ihm wolle, so muß der schertzende sich durchaus nach den Zuhörern bequemen, wenn er bey ihnen seinen Zweck erreichen will. Ich rechne dahin die Schertze, die von unzüchtigen, unflätigen, und gar zu gemeinen Dingen hergenommen werden. Kurtz, alle diejenigen Schertze die in der Einbildungskraft ein schändliches und eckelhaftes Bild verursachen. Ich lasse einen jeden urtheilen, ob die feurigsten Schertze nicht ihren Glantz verliehren, wenn sie eine so schmutzige und säuische Einfassung bekommen? Ein spaßhafter Kopf, der bey seinen Schertzen gar zu oft ins Dicke trit, kan zwar in einer Zeche Mistträger ohne Eckel gehört werden, aber nicht von Leuten, die sehr selten Empfindungen von gewissen Dingen zu haben pflegen. Es gibt eine gewisse Art Leute, die, ich weiß nicht was für ein ehrwürdiges etwas, darin zu suchen pflegen, wenn sie ohne Eckel gewisse Dinge ansehen, und befühlen, und wohl gar mit noch einem andern Sinne empfinden können. Diese Leute schreiben sich deswegen eine heldenmäßige Hertzhaftigkeit zu, und verlachen alle diejenigen, die kein solches **Cyclopen**-Hertz besitzen als' sie selbst. Und diese sinds die mehrentheils in Gesellschaften, und was noch das ärgste ist, alsdenn wenn gegessen wird, solche Spasse machen, die gar zu natürlich sind, und wodurch sie andern einen Eckel verursachen, der ihnen die Materie zu ihrem Triumphe darbietet. Meinem Urtheile nach, verdunckeln solche spaßhafte Köpfe, durch ihre eigene Schuld, das schöne ihrer Schertze, durch das schmutzige womit sie schertzen. Ich will nicht einmal von den bejammernswürdigen Köpfen reden, deren Zoten nicht einmal eine formelle Schönheit besitzen. Denn alsdenn ist der Zeug des Spasses säuisch, und der Spaß selbst häßlich, und kan auf keinerley Art gerechtfertiget werden.

§. 104.

Wenn man mit Dingen scherzt, die man mit der äussersten Ernsthaftigkeit, zu betrachten verbunden ist, so ist auch das kleinste lachen bey solchen Dingen eine Sünde. Ein feuriger Schertz verursacht ein grosses lachen. Folglich muß ein solcher Schertz, der mit und über dergleichen Dinge geführt wird, eine grössere materielle Unvollkommenheit haben, und folglich viel von seinem Feuer verliehren. Ich rechne dahin, nicht nur diejenigen Scherze, in welchen solche wichtige Dinge selbst lächerlich gemacht werden, als welches überdies eine strafbare Leichtsinnigkeit ist; sondern auch diejenigen, die etwas anders durch Vergleichung mit dergleichen Dingen lächerlich machen. Es ist wahr, diese wichtigen Dinge bleiben alsdenn in ihrem völligen Werthe. Allein die Einbildungskraft pflegt hernach den Schertz uns wieder ins Gemüth zu bringen, so bald wir an solche ernsthafte Dinge dencken, und da ist es nothwendig, daß wir unsere Pflicht übertreten müssen. Ich tadle alle Schertze, in welchen solcher wichtigen Dinge Erwehnung geschieht, es sey nun auf die eine, oder die andere Art. Meines Erachtens gehören dahin, alle Schertze die mit der Religion getrieben werden, es sey nun, daß man über Religionssachen schertze, welches freylich das ärgste ist, oder daß man durch Religionssachen etwas anders lächerlich mache. Nimium enim risus pretium est, si probitatis impendio constat. *Quint. de inst. Orat.* Ich weiß wohl, daß man vieles zur Entschuldigung der letztern anzuführen pflegt. Ich weiß aber auch, daß ich sie nicht verwerffe, weil ich glaube, daß sie Religions-Spöttereyen wären. Wenn man weiter nichts thut, als daß man die Religionssachen braucht, etwas anders lächerlich zu machen, so spottet man nicht der

Religion, die bleibt in ihrer Hoheit. Allein unsere Einbildungskraft vergesellschaftet die Religion mit den Schertzen, wir erinnern uns der Schertze, wenn wir an die Religion dencken, und man ist alsdenn nicht im Stande, gantz ernsthaft zu bleiben, wozu man doch bey der Religion jederzeit verbunden ist. Alle vernünftige Kenner der Schaubühne, stimmen mit mir in diesem Stücke überein. Sie sehen es als einen groben Fehler an, wenn man wichtige Dinge, und insonderheit Dinge, die mit der Religion eine Verwandschaft haben, in die Comödie bringt. Sie tadeln insgesamt, den berühmten Nürnbergischen Dichter **Hans Sachsen**, der so artig zu dichten gewust, daß er **Adam** und **Eva** aufgeführt, wie sie ihre Kinder in Gegenwart GOttes, der ihnen erschienen, aus **Luthers** Catechismus examiret, da denn **Abel** recht gut bestanden, **Cain** aber sehr schlecht antworten können. Man begreift ohne Mühe, daß der Grund dieses Tadels, darin zu suchen sey, weil die Comödie der Ort ist, wo geschertzt werden soll, und da die Thorheiten der Menschen lächerlich gemacht werden sollen. Verbannt man nun die Religion aus der Comödie, so gibt man zu verstehen, daß es häßlich sey, wenn man die Religion zu schertzen braucht, und ob man gleich sie selbst nicht lächerlich mache, und die Schertze noch so feurig seyn solten. Was ich von der Religion gesagt habe, das gilt auch von allen wichtigen Wahrheiten, die man durchaus nicht zum Schertzen brauchen muß. Ich hätte hier die schönste Gelegenheit, denen Herrn den Text zu lesen, die mit der Philosophie ihren Schertz treiben, und wunder dencken, wie spitzfindig sie sind, wenn sie z. E. über die beste Welt ein lachen verursachen. Doch ich begnüge mich anzumercken daß man weder über, noch mit dergleichen Dingen schertzen müsse, bey denen wir verbunden sind, so oft wir uns damit beschäftigen, eine genaue und strenge Ernsthaftigkeit zu beobachten.

Non haec iocosae conueniunt lyrae
Hor. Carm. L. III. Od. III.

§. 105.

Wenn wir uns in solchen Umständen befinden, in welchen wir verbunden sind, die strengste Ernsthaftigkeit zu beobachten, so ist das geringste lachen eine Sünde, und die materielle Unvollkommenheit unsers Schertzes fält alsdenn mehr, und stärcker in die Augen, als die formelle Schönheit, und unser Schertz wird verdorben. Es gibt gewisse Personen, in deren Gegenwart wir die strengste Ernsthaftigkeit beobachten müssen, wenn sie uns selbst nicht einigermassen von diesem Zwange loßzumachen für gut befinden. Es gibt Orte und Zeiten, die von uns fodern, alsdenn gar nicht zu lachen, wenn wir uns in denselben befinden. Alle Schertze die in Gegenwart solcher Personen, an solchen Orten und in solchen Zeiten vorgetragen werden, wenn sie auch noch so feurig sind, verliehren ein vieles von ihrer Schönheit, weil sie aus einer Leichtsinnigkeit entstehen, die gar zu sehr in die Augen fält. Ich hätte hier Gelegenheit eine weitläuftige Critik, über viele Arten der Schertze anzustellen. Ich will mich aber begnügen, nur einige derselben anzuführen, mehr, um meine Anmerckung dadurch zu bestätigen, als sie selbst ausführlich zu untersuchen. Ich rechne dahin zuerst alle Schertze, die in der Todesstunde getrieben werden. Es ist wahr, solche Schertze haben ein ungemeines Feuer, wenn sie sonst nicht überwiegend häßlich sind. Ich habe dieses schon oben angemerckt. Allein die Todesstunde ist die wichtigste Zeit unsers Lebens. Wir sollen in derselben einen Schrit thun, bey dem die gröste Aufmercksamkeit und Bedachtsamkeit nöthig ist, und wir sind verbunden alle unsere Verstandeskräfte zusammenzufassen, um mit der strengsten Aufmercksamkeit die Veränderung zu erwarten, die uns aus der Zeit in die Ewigkeit versetzt. Mich deucht, daß alles dieses ohne Ernsthaftigkeit unmöglich sey. Und wer in seiner Todesstunde spaßt, ist viel zu leichtsinnig, als daß er den Tod regelmäßig ausstehen solte. Diese Leichtsinnigkeit verdunckelt auch den feurigsten Spaß. Nein, in der Todesstunde kan kein Spaß recht glücklich gerathen. Zum andern gehören hieher die Schertze in der Kirche, und insonderheit auf der Canzel. Ein P. Abraham von Sancta Clara mag noch so ein lustiger Kopf seyn, er mag noch so feurig seyn, so wird ihm doch kein Schertz gelingen, wenn er ihn auf den Stuhle vorträgt welcher den wichtigsten Wahrheiten gewidmet ist. Daher darf kein Prediger die Laster auf der Canzel lächerlich machen, er muß sie aus wichtigern Gründen mit dem grösten Ernste bestürmen. Endlich rechne ich dahin die Heldengedichte und grossen Lobreden. Ein Dichter und Lobredner verhält sich unanständig gegen seinen Helden, wenn er schertzt. Das hohe, das erhabene, das ehrwürdige wird durch das lächerliche verdunckelt. In solchen Reden und Gedichten muß gar nicht geschertzt werden. **Günther** wird daher mit Recht getadelt, daß er in der Helden-Ode auf den **Eugen** einen Soldaten nach dem pöbelhaftesten Character aufführt.

§. 106.

Ich muß nunmehr den Beschluß meiner Betrachtung machen. Ich solte glauben, daß diese Blätter nicht gantz ungeschickt wären, den guten Geschmack zu befördern, in einer Sache die sehr häufig zu seyn pflegt. Ich habe mich wenigstens bemüht, diese Critik der Schertze auf Gründe zu bauen, die aus der Natur der Seele, und der Schönheiten überhaupt hergenommen sind, und ich habe nichts weiter mehr nöthig, als mich der Gewogenheit meiner **geneigten Leser** zu empfehlen.

Viue, vale! si quid nouisti rectius istis,
Candidus imperti; si non, his vtere mecum.

E N D E.

www.ingramcontent.com/pod-product-compliance
Lightning Source LLC
Chambersburg PA
CBHW020923230426
43666CB00008B/1554